SOBREVIVIENTE DEL HOLOCAUSTO

SOBREVIVIENTE DEL DEL HOLOCAUSTO

MIKE JACOBS TRIUNFO SOBRE TRAGEDIA

MEMORIAS

MIKE JACOBS
EDITADO POR GINGER JACOBS

Publicado por
La Fundación Mike Jacobs, Inc. para Educación sobre el Holocausto

Traducción: Aída Cortés

Información de Catálogo, Publicación Biblioteca del Congreso.

Jacobs, Mike, 1925-2014
Sobreviviente el Holocausto: Mike Jacobs Triunfo
Sobre Tragedia / Mike Jacobs; editado por
Ginger Jacobs – 2nda. Edición, rev. con
páginas adicionales y fotografías actuales
    p. cm
  ISBN 978-0-9883538-0-0 HB
  ISBN 978-0-9883538-1-7 PB
1.Jacobs, Mike. 1925- 2. Judíos-Polonia.
Konin (Konin) – Biografía. 3.
    Holocausto,
Judios (1939-1945) – Polonia-Konin
(Konin) – Narraciones personales. 4.
    Sobrevivientes
del Holocausto-Texas-Dallas-
    Biografía
5. Konin (Konin, Polonia)-Biografía
6. Centro Conmemorativo Del
    Holocausto de Dallas.
1. Jacobs, Ginger. 1930- II Título

DS135.P63 J325-2001
943.8" – dc21
(B)

2001023289

SEGUNDA EDICIÓN
Primera Impresión
Copyright © 2001-2012
Por Mike Jacobs y Ginger Jacobs
Publicada en los Estados Unidos
de Norteamérica.

Publicado por
La Fundación Mike Jacobs, Inc.
para Educación sobre el
Holocausto

ISBN 978-0-9883538-3-1 PB
ISBN 978-0-9883538-4-8 ePUB

Dedicatoria

Dedico mi libro a la memoria de mi familia: Jackubowicz:

Mojzesz (Moses)—Padre

Dora—Madre

Avram—Hermano

Ryfka—Hermana

Ester—Hermana

Szlama—Hermano

quienes fueron asesinados en Treblinka, el campo de muerte.

A mi hermano Reuven, quien estuvo en el subterráneo y fue fusilado como un defensor de la libertad.

Y en honor de mi amorosa familia Jacobs de hoy en día:

Ginger—Esposa

Mark—Hijo

Hija—Deborah "Debbie" Linksman y

Yerno: Wayne Linksman

Andrew "Andy"—Hijo

Reuben—Hijo

Y para mi familia Linksman:

Rivka—Nieta

Leeza—Nieta

Sarah—Nieta

Aviva—Nieta

Como participante del programa Marcha de los Sobrevivientes, nuestra nieta, Sarah, escribió este poema durante su visita al Campo de la Muerte en Treblinka. Mike le había pedido a Sarah que encontrara la lápida familiar en Ostrowiec, ya que en Ostrowiec fue la ciudad del gueto donde la familia estuvo antes de que la mayoría de su famlia fuera enviada a Treblinka en donde todos ellos perecieron. En Treblinka, a los participantes les dieron veinte minutos para escribir sus pensamientos. Comentarios de Mike, "Cuando voy a Polonia, visito esta lápida y tengo una hermosa conversación con mi famlia."
Mayo 1, 2003
4:10 P.M.

TREBLINKA
OSTROWIEC

Querida familia que nunca conocí.
Este es el momento que nunca olvidaré.
Los conozco, pero ustedes a mi no me conocen.
Me permito presentarme y comprenderán.
Mendel Jakubowicz ya no es más su nombre.
Lo tuvo que cambiar, por favor no les de verguenza.
Hay algunas cosas que me gustaría que conozcan.
Su hijo sobrevió y vino a los Estados Unidos de Norteamérica
 para dar evidencia,
Bisabuela, bisabuelo, Michael Jacobs, es su hijo,
Quedó con vida para probar que los judíos ganaron.
Los visita a menudo, los pone al día con lo que pasa en su vida,
América es grande, ahí es donde él conoció a su esposa.
Polonia todavía está en lo más profundo de su corazón,
Es una parte de su historia que nunca dejará.
Ha tocado tantas vidas, y también los ha inspirado,
Comparte con el mundo lo que un ser humano puede hacer.
Es uno de los hombres más sorprendentes en la tierra,
Disfruta de todo, y todo para él es valioso.
Soy Sarah, la tercera generación,
Mike nunca dejó atrás la creación de Dios
Se casó, tiene hijos, yo soy su nieta,
Me limpio las lágrimas al llorar de mis ojos.
Sólo quiero que sepan que Mike siempre creyó,
Gracias a Dios mi familia existe.
Ustedes están siempre con nosotros y lloramos,
Nunca serán olvidados en los años por venir.
Una parte de ustedes ahora está conmigo,
Los llevo conmigo para que finalmente sean testigos de la tierra de la libertad.

Contenido

Prefacio

Primero, con una sensación de anticipación, leí estas memorias. Hace años conocí a Mike Jacobs debido a su trabajo con sobrevivientes y sus importantes esfuerzos para construir el Museo del Holocausto en Dallas. Si usted visita el museo en Dallas, ahí encontrará a Mike Jacobs. Mike está ahí tan a menudo que uno tiene siempre la tentación de decir que su espíritu invade el lugar. Me paré en el furgón de ferrocarril que Mike trajo a los Estados Unidos y entendí el poder, sentí la presencia de aquellos quienes estaban ausentes. En esta ausencia, el visitante se llena de los olores y sonidos, el calor, el frío y la trepidación que los judíos deportados sintieron en camino a Auschwitz. Más tarde acudí a Mike buscando un consejo mientras nos imaginábamos las peripecias que Mike pasó para traer el citado furgón para el Museo de Conmemoración del Holocausto en Estados Unidos. Mike siempre ha sido entusiasta y servicial.

No había conocido la historia de Mike. Ni siquiera sabía su nombre judío, Mendel Jakubowicz. Pero sí *había visto* su número. Sabía que había entrado al "reino de la noche," usando las palabras de Elie Wisel, y salió a flote. Pero en mi experiencia, Mike, más que un hombre de palabras es un hombre de hechos, menos escritor que conversador. Pertenece a la clase de hombres y mujeres que se pueden encontrar en todas las instituciones del Holocausto que se han creado en los Estados Unidos. Sobrevivientes, profesores, testigos, ellos cuentan sus historias, tocando las almas, moldeando las mentes y enardeciendo la imaginación de la gente joven que encuentra en su camino.

Se dice que las últimas palabras del reconocido historiador judío Simón Dubnow fueron, "Escribe y Toma Nota." Los sobrevivientes relatan que ellos hicieron dos compromisos con aquellos a quienes dejaron detrás: recordar y no dejar que el mundo olvide. En el pasado, Mike Jacobs ha contado su historia ante miles de personas y ahora ha escrito sus memorias con la ayuda de su esposa Ginger, nacida en los Estados Unidos. A ella le estamos agradecidos por su contribución.

En años recientes las memorias de los sobrevivientes han prevalecido únicamente en tres formas: la palabra hablada, la palabra grabada y la palabra por escrito, cada una con su fuerza y su debilidad. En salones de clase a lo largo de Estados Unidos de Norteamérica y Canadá, en museos e instituciones educativas, los sobrevivientes cuentan sus historias a estudiantes. El encuentro a menudo es eléctrico y los estudiantes consideran a los sobrevivientes como la reencarnación de la historia. Los tratan como héroes lo que a menudo es un contraste con la propia imagen que los sobrevivientes tienen de sí mismos. Potente como puede ser, la conferencia termina pronto. Pasa, y entonces el propósito también se debilita. Tendrá la fuerza de una tradición oral, un cuento transmitido y transformado del conferencista al oyente.

En los Testimonios del Holocausto que se encuentran en los Archivos de Fortunoff, los Sobrevivientes de La Fundación de Historia Visual de Shoah y otros proyectos orales, han desarrollado un nuevo género de memorias registradas, las entrevistas grabadas en video. Es un nuevo género porque la tecnología sólo ha existido por los últimos veinte años. Bajo el liderazgo de Steven Spielberg, la Fundación Shoah ha grabado casi 51,000 entrevistas en 32 idiomas en 57 países. Recopilando videos de documentales de imprecedente profundidad y diversidad. Sin embargo, debido a su naturaleza, las entrevistas grabadas son únicamente una vez. En los rollos de la cámara, el sobreviviente habla y la grabación queda hecha. Es demasiado temprano para predecir el impacto de este método de grabar memorias del Holocausto, pero para la generación inclinada a la visión de la tecnología, el potencial de este tipo de testimonio es bastante significativo.

Mike ha utilizado ambas formas en cuanto se refiere a sus memorias. Mike ha contado su historia a estudiantes y a otras personas. Ha grabado su testimonio. Ahora ha escrito un libro en el que sus memorias son presentadas en detalle narrativo, editadas, revisadas y vueltas a revisar.

Los judíos son los personajes de este libro. Aún en la era del internet, todavía creemos en libros. Miles de memorias sobre el Holocausto han sido escritas por sobrevivientes, quizá hoy en día por unos diez mil o más de ellos. Las memorias por escrito son permanentes y aseguran que la experiencia que ellos vivieron quede perpetuamente registrada, transmitida y disponible, para todas las generaciones. Respeto este trabajo. Rindo honor al compromiso moral que pone en relieve el profundo compromiso a estas memorias.

Los escritos permanentes nos dan la oportunidad de reflexionar en la profundidad del significado que hay detrás de los sobrevivientes del Holocausto. "Tenía que soñar para poder sobrevivir," nos dijo Mike Jacobs. No estoy seguro sí la mayoría de los lectores podrán captar que tan importante es esta frase porque para Mike en realidad fue la mejor forma para hacer frente a las atrocidades que experimentó. "Soñaba que estaría libre," nos dice, una y otra vez, como un mantra de protesta aún cuando estaba en Auschwitz.

Gerda Weissman Klein dijo en la presentación de premios por la película ganadora de la Academia *Un Sobreviviente Recuerda,* que "solamente aquellos con imaginación pudieron sobrevivir." Ella describió cómo por todo un día se debatía en si usaría su vestido rojo, o el azul de terciopelo, se arreglaba como si fuera a ir a una fiesta cuando en realidad ella iría a la Marcha de la Muerte. Ella prefería el color azul, pero se veía mejor en rojo.

Los psicólogos llaman esta experiencia, *disociación,* creando una realidad en desacuerdo con la que se está viviendo. Robert J. Lifton, el eminente psiquiatra que escribió sobre los doctores nazis, la llamó *duplicador,* la creencia de sentirse distante del campo de concentración, y protegido del ambiente. Mike y Gerda lo hicieron. Mike usó sus sueños y Gerda la imaginación para escapar, al menos por un momento, del ambiente opresivo en el que vivían.

Mike Jacobs dice que "los Nazis podían matarme de hambre y torturar mi cuerpo, pero nunca pudieron matar mi espíritu. No importaba lo que me hicieran." Ésta también es la idea recurrente que hemos encontrado en testimonios de otros sobrevivientes, y es una determinación que debemos respetar sin atrevernos a juzgar a aquellos que no soportaron la tortura. Jean Armery enérgicamente ha escrito del impacto de la tortura en una víctima, y ninguno de nosotros podemos saber cómo hubiéramos soportado tan dura experiencia. Primo Levy ha dicho que se rasuraba con vidrio en sus intentos de permanecer limpio aún cuando sabía que era imposible. Pelagia Lewinska, una sobreviviente polaca no—judía escribió: Deseaban degradarnos, destruir nuestra dignidad humana, desaparecer todo vestigio de nuestra humanidad… llenarnos de horror y sembrar desprecio hacia nosotros y nuestros semejantes. Desde el momento que capté la motivación principal….fue como si hubiera despertado de un sueño. Acaté la orden para vivir. Y si moría en Auschwitz, hubiera sido como un ser humano. Me aferraría a mi dignidad."

¿Qué concluimos del "romance-en-el-campo" de Mike con la chica del otro lado de la barda de púas? Viktor Frankl, el prominente psiquiatra que escribió una conmovedora experiencia en Auschwitz, escribió que las oportunidades de un sobreviviente en el campo de concentración en buenas condiciones de salud física aumentaban significativamente si ellos podían encontrar sentido a su vida—inclusive "pretender" un significado. Mike Jacobs encontró éste significado en el romance que tuvo con una chica de su edad con quien aún separados por la barda de alambres con púas conversaba. No tengo duda que esto contribuyó a su sobrevivencia. Mike dio significado a su vida por un tiempo. Mike hizo la diferencia en la vida de alguien más. A la vez, "Alguien" era importante para Mike.

   Crear significado en nuestra existencia y fortalecer el interior en uno mismo eran esenciales para sobrevivir. Aún cuando había otros factores más allá del control de la víctima, factores que indudablemente aumentarían la gratitud del sobreviviente y el sentido de responsabilidad en mantener vivas las memorias del Holocausto para generaciones futuras. Al leer cuidadosamente este testimonio debemos recordar que Mike tenía muchas ventajas. Era joven. En general, solamente los jóvenes y los cuerpos fuertes sobrevivieron. Mike Jacobs podía pasar por un chico no judío. Hablaba polaco fluidamente. Por la clara complexión de su piel, a veces podía ser Marjan Jakubowski . Por lo tanto a veces podía escapar del gueto y no fue deportado como la mayoría de su familia a Treblinka, donde entre 700,000-870,000 fueron aniquilados y menos de 100 judíos sobrevivieron.

Más allá de lo que estas memorias nos puedan enseñar acerca de sobrevivencia individual, también aprendemos algo acerca de la comunidad. La socióloga Helen Fein escribió: el Holocausto fue como un universo sagrado de común obligación que unió a la gente. Todos aquellos dentro de este universo común sintieron la obligación de uno hacia el otro, pero no para los que quedaron afuera o para aquellos a quienes se les forzó a quedarse al margen. La experiencia de Mike Jacobs verifica las observaciones de Fein. A lo largo de su experiencia en el Holocausto, Mike consistentemente ayudó a otras víctimas cada vez que pudo.

En los campos de concentración los cigarros y el pan eran como monedas circulantes, con ellos casi todo se podía comprar, y los zapatos estaban entre las cosas más importantes que uno podía comprar. Mike compró zapatos para la joven mujer con quien se encontraba del otro lado de la barda de púas y esos zapatos a ella, le ayudaron a sobrevivir. Aquellas personas no familiarizadas con la literatura del Holocausto se deben de preguntar ¿Cuál es la importancia de los zapatos? Primo Levi escribió: "La muerte empieza con los zapatos; para la mayoría de nosotros, se muestran como instrumentos de tortura, después de varias horas de traerlos puestos, causan ampollas dolorosas las que fatalmente pueden infectarse. Quienquiera que los trae puestos se siente forzado a caminar como si estuviera arrastrando la cadena de un condenado.....llega tarde a todas partes y cuando llega no se le recibe bien. No se puede escapar si se le persiguiera, sus pies se hinchan y entre más es la fricción con la madera y la tela del zapato estos se vuelven más insoportables."

Acerca de las Marchas de la Muerte, Gerda Klein dijo: "Vi algunas chicas rompiéndose los dedos como ramas." Así que algo tan simple como un buen par de zapatos era el secreto para sobrevivir. El gesto básico de Mike de darle a su "supuesta" novia un par de zapatos hizo toda la diferencia del mundo.

Como registrador de historia, Mike nos da importante evidencia acerca de los asesinos. Mike no pinta a los alemanes con una sola brocha. Pudo diferenciar entre el sargento Holzer, un cruel sadista quien se preocupaba por su esposa y sus hijos pero podía matar las esposas de otros hombres y los padres de otros niños aparentemente sin ningún conflicto, y un soldado alemán que servía a su país, pero odiaba a Hitler, y con quién Mike podía intercambiar armas. Daniel Jonah Goldhagen ha escrito un importante libro describiendo a los asesinos y su participación voluntaria en el programa Nazi de "exterminación de antisemitismo." Sin embargo, Mike Jacobs y otros sobrevivientes reportan que ellos podían distinguir entre los alemanes. Por cierto, una rara habilidad para juzgar a la gente era esencial para la sobrevivencia de Mike durante los años de guerra, especialmente en los campos de concentración y para su éxito en los Estados Unidos, donde hizo su sustento en la brutal arena de los negocios.

Mike también proporciona información importante acerca de los espectadores. En estos casos, también sabía en quien confiar y cuando. Mike entendió que uno no puede creerse por largo tiempo de la bienvenida de nadie, y esto sucede aún dentro de la familia, el esposo puede ser antisemita mientras que la esposa es condescendiente sobre el tema.

En estas memorias aprendimos un poco acerca de la resistencia. Mike Jacobs no sofistica su papel, pero ya que abiertamente no pudo resistirse, se puede decir que desafió a los Nazis e inclusive saboteó la producción cuando se presentó la oportunidad de hacerlo.

Mike Jacobs ha dado significado a su sobrevivencia por sus logros alcanzados en Dallas. Mike ha dado propósito a su sobrevivencia al crear una familia amorosa, hijos, y ahora nietos. Mike ha transmitido su testimonio a través de la palabra oral, y ahora por la palabra escrita. Es nuestra tarea aceptar su testimonio con gratitud y convertirnos en testigos de un testigo.

MICHAEL BERENBAUM
DIRECTOR, INSTITUTO DE INVESTIGACIÓN
EN LOS EUA DEL HOLOCAUSTO
LOS ÁNGELES, CALIFORNIA

Nota De La Editora

Al escribir este libro, Mike relata las memorias de sus experiencias durante el Holocausto a través del uso de cintas grabadas de su historia como lo ha contado ante muchos públicos, en entrevistas, y por medio de dictado. Se expresa como un adolescente porque era un adolescente durante los años de la guerra. Su inglés es algo diferente al que hablan los nativos de los Estados Unidos. (Cuando habla ante grupos, sarcásticamente presume de su acento Texano). Al editar la historia de Mike, he tratado de retener la integridad de su forma de hablar y vocabulario, así como también sus frases comunes.

Me parece que su habilidad de recordar en su totalidad todo lo que tuvo que pasar, junto con su voluntad de relatarlo, es bastante admirable. No solamente ha retenido la consistencia al contar su historia personal, otras fuentes han reafirmado la precisión de sus recuerdos. Siendo el hijo más joven de una familia amorosa, creo que debió de haber tenido una infancia muy segura. Las aparentes relaciones cercanas de su familia tan extendida tuvieron mucha influencia en su formación y adquirió una actitud positiva hacia la vida.

Su misión la continúa llevando mediante muchas presentaciones ante estudiantes, diversas organizaciones, iglesias, sinagogas, instituciones, grupos de profesionales, servicios, cívicos, y de negocios—a cualquier persona que lo quiera escuchar. Al paso de los años, Mike aproximadamente ha hablado ante unas 500,000 personas. Mike ha ayudado a terapeutas trabajando con diversos grupos, así como individuos con problemas de alimentación, problemas con drogas, y problemas emocionales. También hizo cambiar la actitud de algunos extremistas [skinheads] y otros neo-nazis quienes han escuchado sus conferencias. Algunos de ellos le han enviado cartas de agradecimiento por su compenetración en el tema y el impacto que Mike hizo en ellos, ya que los ayudó a cambiar su comportamiento. (Ver apéndice 3, página 222). El triunfo de Mike sobre la tragedia continúa haciendo efecto y sirve como inspiración a todas las personas que lo escuchan.

Ginger Jacobs
January 2001

Nota Especial A Estudiantes

Gracias especiales a los muchos estudiantes quienes solicitaron que Mike escribiera este libro acerca de su experiencia durante el Holocausto, algunos historiadores han sido atraídos hacia esta experiencia. Al escribir libros de historia, ellos han hecho referencia a los incidentes que Mike vivió y los incluyeron en sus memorias. Por lo tanto he incluido dos de esos libros en los que se cita a Mike. Asimismo he incluido otras menciones en las notas y bibliografía. El reto para el lector es recordar y actuar de acuerdo a lo que aprendió de Mike y de las lecciones de historia.

Ginger Jacobs, Editora
Enero 2001

Reconocimientos

Gracias especiales a Jamie Spech, quien por primera vez me escuchó hablar cuando ella era estudiante de secundaria. Años más tarde Jamie, ya como Junior en la secundaria Berkner superior, me entrevistó. Después que recibí el "Premio de Esperanza para la Humanidad" en 1994 del Centro Conmemorativo de Estudios del Holocausto en Dallas, Jamie me apremió a escribir mi historia y me acompañó a varias de mis presentaciones con grabadora en mano. Mis hijos Mark y Andy también grabaron las entrevistas que di cuando ellos asistían a la secundaria, así como, Ginger, mi esposa, que también grabó muchas de mis presentaciones. Más adelante Jamie transcribió las cintas de las que este libro ha surgido. Por siempre estaré agradecido a Jamie.

Gracias a Michael Berenbaum, nuestro gran amigo que siempre nos ha brindado su apoyo y quién me impulsó a escribir estas memorias, leyó el manuscrito y amablemente aceptó mi petición de escribir el prefacio del mismo.

Gracias a Debbie Winegarten, quien con su capacidad profesional trabajó con el manuscrito y tituló muchos de los capítulos del libro.

Gracias especiales a nuestra prima, Melanie Spiegel, de Photocom, Inc., por proporcionar los servicios de su fotógrafo Phillip Esparza, y de su asistente, Jay Conlon para crear la foto de la cubierta del libro. Melanie fue muy amable, al igual que Phillip y Jay, lo que apreciamos profundamente. Phillip es un fotógrafo talentoso con quien disfrutamos trabajar.

Gracias al Dr. Ron Marcello, Director de la Universidad de North Texas, Programa de Historia Oral, y a Keith Rosen, estudiante del Dr. Maracello, que me entrevistó en 1989.

Nuestras gracias a queridos amigos y familia quienes nos impulsaron, corrigieron el texto, hicieron sugestiones, ayudaron con sus habilidades en la computadora con los problemas imprevistos de tecnología y también nos "llevaron de la mano," incluidos:

Theo Richmond, un buen amigo al que conocimos cuando escribía su libro *Konin A Quest*. [En Busca de Konin.]

Ruth Winegarten, que leyó el primer manuscrito y continuamente nos apoyó con este proyecto.

Jackie Waldman, quién inicialmente puso en orden la secuencia de eventos de mi entrevista de historia oral.

Phyllis and Herbert Kadish, por su hospitalidad y por "Estar ahí siempre para nosotros."

Nietas Rivka, Leeza, Sarah, y Aviva – con gracias especiales para Leeza, que mucho ayudó con sus habilidades en la computadora.

Hijos Mark, Debbie, Andy y Reuben.

Gurus de la computadora: Yerno Wayne Llinksman y amigos, Carolyn Zalta, Gordon y Cookie Peadon.

Ruth Brodsky, Gladys Leff, and Harriet Gross.

A varios profesores y estudiantes quiénes solicitaron y me impulsaron a escribir mi libro.

Gracias especiales y calurosas a Joe Funk de la compañía constructora Joe Funk por su profesionalismo y amistad responsable de la construcción del Centro Conmemorativo de Estudios del Holocausto. Fue un placer trabajar con él.

Calurosas gracias a los arquitectos Cole Smith and Robert Ekblad de la firma de arquitectura, Smith Ekblad & Asociados, por su excelente trabajo en el diseño del Centro/Conmemorativo de Estudios del Holocausto, hoy en día llamado: Museo del Holocausto /Centro Para Educación y Tolerancia de Dallas. Apreciamos su consideración, sensibilidad, y arte. Fue un placer trabajar con ellos.

Nuestras gracias y aprecio a Ed Eakin, ya fallecido, y la publicista Virginia Messer, editora, Angela Buckley y al personal en Eakin Press. Ellos fueron muy receptivos, sensibles y gentiles en trabajar con nosotros en este libro.

Con sincero aprecio a todos ustedes,
Michael "Mike"Jacbos and Ginger Jacobs
January 2001

Gracias especiales y gratitud para Aída Cortés por traducir estas memorias al idioma español y a Rivka Linksman Altman, nieta de Mike, cuya asistencia fue invaluable en hacer este libro una realidad.

PARTE I

Creciendo En Konin

1

Tenía Muchos Parientes

Konin, Polonia, 1925-1939. Hoy en día todos me llaman Mike Jacobs, pero nací con el nombre de Mendel Jakubowicz en el pequeño pueblo polaco llamado Konin, a unas 120 millas de Varsovia, no muy lejos de la frontera con Alemania. Konin era un pueblo muy antiguo de unos 12,000 habitantes con aproximadamente unos 3,500 judíos. El pueblo en su mayoría era católico, de acuerdo con la población católica en general. El resto de la población era protestante y judía. Era un pueblo muy bonito. Teníamos un parque grande muy hermoso con una laguna pequeña y con un puente angosto sobre el lago. Parados en el puente podíamos ver las varias clases de pescados que ahí nadaban. Disfrutábamos alimentar a los peces. Dentro del parque había venados protegidos por una barda. El parque además tenía un kiosko. También la orquesta del pueblo daba conciertos en el parque. El edificio del ayuntamiento era muy distintivo, tenía una torre alta con un reloj. El emblema del pueblo era un caballo. Los judíos se establecieron allí en 1397.

Teníamos una maravillosa comunidad judía. Asimismo teníamos una hermosa y antigua sinagoga (shul - templo de oración.) La mayoría de los judíos vivían en los alrededores para que los Shabbos (Shabbos-Sábados) pudieran caminar al templo (shul) para orar y también para que asistieran a los Yom Tovs [Festividades Judías] Teníamos un comité llamado el Geminde, el que se encargaba de varios asuntos. El Geminde pagaba a nuestro director del coro, al rabino y por el mantenimiento del templo. En el pasado habíamos tenido limosneros de paso los que iban de puerta en puerta solicitando ayuda. Pero el Geminde {Comité Central} finalmente decidió abrir un albergue para que ellos tuvieran camas limpias y un lugar en donde dormir. Después al día siguiente les daban unas monedas [zlotys] y se les pedía que siguieran su camino.

También teníamos un shtibel, una casa pequeña de aprendizaje donde los Hasidim (judíos ultra ortodoxos) oraban. Había pequeños templos adicionales Shtibelach [plural de Shibtel en donde grupos de familias de 10 o 20 personas rendían sus veneraciones.

Mi familia era liberal Ortodoxa, y observábamos la alimentación koshser [de acuerdo con las leyes dietéticas de los judíos.] Algunos judíos eran más liberales Ortodoxos que otros. En casa éramos más liberales. No usábamos los rizos a los lados que usan los Judíos Hasidic [Hasídicos) y nadie usaba barbas tampoco. Entre semana, mi padre iba al templo a los servicios religiosos en la mañana y en la noche. El sábado en la mañana siempre asistía y nunca faltaba en los días festivos religiosos.

Mi abuela materna falleció antes de que yo naciera. Vagamente recuerdo a mi abuelo materno, Herman Stein, al lado de mi abuela. Nunca conocí a mis abuelos paternos. Mi abuelo Stein ya era muy mayor cuando yo nací. En ese entonces ya estaba retirado, vivía de las ganancias de una casa que tenía de renta. No era un hombre rico, pero era una persona muy religiosa. Tenía un templo en su casa donde la gente acostumbraba a ir los viernes y los sábados en la noche para rezar. Mi abuelo venía a nuestra casa los viernes en la noche para la cena del Sabbath. Antes que se retirara tenía un negocio de transporte, para este propósito, usaba caballos y vagones. Antes de la Primera Guerra Mundial, parte de Polonia estaba ocupada por Rusia y la otra parte por Alemania; Konin quedaba del lado de Rusia. Mi abuelo entregaba mercancía en el lado alemán y a su regreso traía materiales a Konin. En una ocasión cuando mi abuelo empleó a un ayudante para que guiara los caballos, mi hermano mayor, que en ese entonces tenía nueve años, se subió a la carreta pero se cayó de ésta cuando en el camino pasó por encima de un bache. Una llanta de la carreta pasó sobre mi hermano y lo mató. Mis padres nunca hablaban de el en casa, pero me enteré del accidente por un vecino, ya que murió antes de que yo naciera. Fue enterrado en el frente muy cerca de la entrada del cementerio. Aunque había visto su nombre en la lápida, nunca se me había ocurrido que hubiese sido mi hermano.

Mi madre, Dora, tenía tres hermanas, todas vivían en Konin. Sus hermanas eran Rosa, Ester y Haya. Mi madre no era la mayor pero era la apaciguadora en la familia. Mi madre también tenía un hermano, Reuven, que vivía en Londres pero murió muy joven dejando atrás una viuda con cinco hijos.

Ciotka [tía] Chaya estaba casada con Shmuel Hollander y ellos tenían dos hijos Aaron y Yitzchak, y su hija Rosa, estaba casada con Zalman Richke. Ellos eran sastres.

Ciotka Ester estaba casada con Szlomo Swam [pronunciado "shawm"], quien fabricaba riendas para caballos. Las riendas eran muy bonitas. Sus hijos se llamaban Avram Meir, Lotka, Moshe and Shana. Ciotka Rosa había enviudado desde hacía mucho tiempo. Sus cuatro hijos eran Avram, Shlomo, Pearl, y Rachel.

Aún cuando mi madre era una judía tradicional, era liberal en su forma de pensar.

Ella usaba el sheytl [una peluca], como era costumbre en las mujeres casadas. Ella tenía dos sheytls, una para los días de entre semana y otra para los shabbestdikeh [para sábados y días festivos]. Recuerdo que guardaba una peluca en un bloque de madera, y cuando necesitaba que se rizara y se le ondulara, yo la llevaba a la mujer que estaba al cuidado de las sheytls. Uno de mis trabajos los viernes era llevarle la peluca para días festivos. La mujer tenía muchas pelucas guardadas en bloques de madera. Yo llevaba la peluca de mi madre a la tienda y la regresaba a casa en una caja de cartón.

A menudo iba a la tienda de abarrotes de tía Rosa, porque acostumbrábamos a comprar muchísima harina, arenque, azúcar y otros comestibles de tía Rosa y su hija Pearl. Los sábados en la tarde, tía Rosa acostumbraba a darme una manzana. Esto era la gran cosa para mí. Tía Rosa era una mujer muy religiosa. Sus manos siempre estaban agrietadas por el esfuerzo de sacar los arenques de los barriles empacados en conserva con sal. Porque tía Rosa era muy religiosa ella siempre usaba peluca, siguiendo la tradición judía para mujeres casadas. Era tan religiosa que leía la biblia todos los sábados en la tarde. Ella era viuda—económicamente estaba bien, le compró a su hijo mayor Szlomo, un auto Chevrolet que usaba como taxi. Tía Rosa calculó que su hijo podía tener mayor entrada trabajando como taxista. Recogía gente en la estación de tren. Como sus precios eran muy bajos no podía ganar su sustento. Estacionaba su auto en el patio del abuelo, y yo me podía meter al auto y pretendía que manejaba. A menudo jugaba ahí y todavía en mi mente puedo ver el auto. Más adelante, Szlomo rentó un huerto de fruta y vendía la fruta.

Avram, otro de los hijos de tía Rosa, era sastre. Avram fue el único de su familia que sobrevivió la guerra.

Mi padre tenía un hermano, Uria, y dos hermanas, Chaya Sara y Rosa, a quienes conocí. La hermana de mi padre, Chaya Sara, a quien llamábamos Ha'sara, estaba casada con tío Mordicai. Ella tenía una miscelánea donde se vendían artículos secos [telas], así como abarrotes. Ella y el tío Mordicai también tenían un rancho grande. Cultivaban trigo, papas, y avena. Tenían nueve hijos, dos hijos y siete hijas. Cuando yo tenía vacaciones en la escuela, durante el día iba junto con mi primo Szlomo a su rancho en las afueras de Tuliszkow, un pequeño pueblo, que se encontraba aproximadamente como a trece kilómetros [siete millas] de distancia de Konin. Enganchábamos el caballo a la carreta para cargar el material para el arado. El caballo del tío Mordicai ya tenía 20 años y era muy malo. Le gustaba echar patadas. Mi primo Szlomo era quien araba, yo lo seguía y veía como lo hacía. Después de la cosecha, Szlomo y yo acostumbrábamos a quedarnos en el campo en la noche y vigilar que nadie se robara el trigo. Todos los primos íbamos a pizcar la cosecha de trigo y la llevábamos al granero. Después manualmente limpiábamos el trigo. Teníamos un palo sujetado con una correa de piel atado a otra pieza larga de madera. Pegábamos a las espigas para que las semillas botaran hacia afuera. Entonces nosotros los primos llevábamos los granos al molino de trigo. Me la pasaba muy bien.

Uria, hermano de mi papá no tenía mucha suerte, pero tenía una hija bella. Algunas veces venía a ver a mi padre, y mi papá le daba algo de dinero. Mi padre era tranquilo, y un buen hombre. Regalaba todo, cuando lo tenía. Mi padre compartía lo que tenía con su hermano que tenía en Tuliszkow. Otro de los hermanos de mi padre que estaba bien económicamente, vivía en un pueblo cercano, Kleczew, a unos 25 kilómetros [quince millas] de Konin, pero ese tío murió a una edad temprana, dejando hijos e hijas. Su hijo Yecheil era el mayor. Teníamos muchos primos pero no los conocía a todos.

Algunos de mis primos del lado de mi padre vivían en Lask. Lask estaba como a unos cien kilómetros (sesenta millas) de Konin. ¿Quién podía viajar tan lejos? Quedaba muy lejos para nosotros, así que nunca los conocí. Mi prima, Tova Jakubowics [pronunciado "ya-kabow-vitch"] Tova Dan [nombre de casada] sobrevivió la guerra y la conocí en Alemania después de la guerra. De parte de mi tío Mordicai y de tía Chaya, los hijos de su hija Sara, mi primo Henek Gerson salió de Polonia antes de que yo naciera. Mi otra tía, Ester Gerson, salió para Sudáfrica por los años 1930, y antes de que saliera de Polonia, tuvimos una gran fiesta. Todos estábamos felices por ella. Otro primo, Szlomo Gerson sobrevivió los campos de concentración y se unió a sus hermanos en Sudáfrica. Cuando Regina, su hermana mayor, se casó en Tuliszkow, fuimos invitados a la boda. No podíamos pagar por el viaje, así que ellos nos enviaron un taxi para recoger a mis padres. Era un evento especial. Yo quería ir a la boda así que me escondí entre las piernas de ellos en el piso del asiento trasero. Después de la boda me quise quedar con tía Rosa en Tuliszkow. Comía en la casa de tía Ha'sara en Tuliszkow porque la comida de ella me gustaba más. De los hijos que se quedaron en Europa, solamente Szlomo sobrevivió la guerra.

Teníamos una familia grande con muchos parientes, y la mayoría de ellos vivían en Konin, así que los veíamos a menudo. Mis tías y tíos estaban muy cerca de mi familia. Las tres hermanas de mi madre eran muy cercanas a mí, así como el resto de la familia. Tía Rosa y su esposo Avraham Markowski, vivían en Tuliszkow, con sus dos hijos, Yacheil y Yaakov, y su hija, Kalcza. Los varones eran sastres, también. Ya que Tuliszkow era un pueblo de granjeros sus compradores eran los agricultores. Algunas veces los granjeros pagaban por su ropa con pollos y patos. Mi tío, Uria Jakubowics, vivía en Tuliszkow, era curtidor y un hombre muy pobre. Otro de los hermanos de mi padre, tío Meyer, vivía en Kleczew. Era viudo y tenía seis hijos, Yecheil, Szlomo, Yoseph, Adela, Yetka, and Sala. Los hijos confeccionaban hermosos abrigos de piel de oveja. Iban a los pueblos de los alrededores y los vendían en mercados al aire libre. Algunas veces venían a Konin a vender sus artículos.

Mi hermano mayor, Avram, nacido en 1909, era una persona muy callada y muy dedicado a su familia. El tenía mucho pelo negro, cejas espesas, y era de estatura media. Mi hermano Szlama, nacido en 1916, era muy inclinado al atletismo, siempre fue activo en los deportes tales como el fútbol soccer, salto de longitud, salto de altura, los 100 y 400 metros de lanzamiento y gimnasia. Era muy alto y tenía pelo café. Mi hermano

Ruven, nacido en 1919, era seis años mayor que yo. Era alto, rubio y era el más intelectual. Todo el tiempo leía libros y tenía muchas discusiones sobre estos con su círculo de amigos. También pertenecía al movimiento Zionista. Siempre había dos o tres chicos a su alrededor discutiendo libros con él y luego entre todos discutían sobre los libros leídos.

Mis hermanas eran como todas las otras chicas. Ester, nacida en 1914, antes de la segunda guerra mundial estaba comprometida con Woolf Kazaka, un sastre. Woolf confeccionaba ropa a la medida para mujeres. Ya habían comprado los muebles para su departamento, el que era muy bonito; sus muebles eran mucho más bonitos que los nuestros. Recuerdo todo como si fuera hoy día. Tenían una sala muy grande, la que sería usada como taller durante el día y también tenían una linda cocina. Más adelante se casaron en el gueto de Ostrowiec [pronunciado os-tro-vitz] nunca llegaron a vivir a su departamento en Konin.

Mi hermana mayor, Ryfka, nacida en 1911, era costurera y hacía camisas para las tiendas. Con el dinero que ganaba, ella compraba su ropa. Siempre estaba bien vestida, era alta y tenía hermosas piernas. En una de las tiendas querían que se sentara en uno de sus aparadores y modelara sus medias de seda, pero mi madre le dijo "No," y así fue, aunque Ryfka pudo haber ganado mucho dinero modelando en esta tienda.

Todos recibimos educación judía. Yo empecé a ir a la escuela religiosa cheder, donde también aprendí a leer en hebreo, cuando tenía cuatro años. Cuando tenía seis años mis hermanos decidieron que yo debería de cantar en el coro. Tenían que perseguirme por varias cuadras para atraparme, porque no quería ir. Tenía que ir al Shul para que el director del coro me escuchara y supiera qué clase de voz tenía. Mi voz era de soprano muy potente y el director del coro me dijo que yo iba a cantar en el coro, donde canté por seis años. Mis hermanos Reuven and Szlama también cantaban en el coro, Szlama era barítono, y Reuven era soprano, pero ya de mayor su voz cambió a alto.

Toda mi familia era muy musical. Mi padre tocaba muy bien el violín, la viola y la trompeta. Había una fotografía de el junto a un amigo colgada en la pared donde estaba su cama, ambos en uniformes rusos, los dos habían tocado en la orquesta Tzar de Moscú cuando ellos estuvieron en la milicia Rusa. Entonces mi padre fue reclutado para el Ejército Ruso y tuvo que estar ahí por seis años (esto fue cuando Polonia era territorio de Rusia). Era muy buen violinista, hasta que un día su dedo meñique ya no se mantenía derecho. Sin embargo todavía tocaba el violín y la trompeta.

Mi padre quería que yo aprendiera a tocar el violín, así que cada mañana se paraba frente a mi cama y golpeteaba su pie a ritmo de vals, 1-2-3, 1-2-3. Practicaba por mí mismo en el segundo piso donde mis primos vivían, ya que ahí era más tranquilo. Planeaba tomar lecciones gratis de violín pero la escuela no pudo conseguir un profesor de violín, así que no pudieron dar las clases, pero yo continuaba mi práctica en casa.

Un día en el verano cuando practicaba el violín, por la ventana vi a unos músicos callejeros que tocaban. Bajé las escaleras corriendo para escucharlos tocar. Como iba brincando las escaleras hacia abajo, atoré la parte trasera del talón en una barra de acero atravesada que había sido colocada a lo largo de la esquina debajo y a través de la escalera. El talón empezó a sangrar, y yo estaba gritando. Mi familia me llevó al Dr. Bulka, quien suturó la cortada. El doctor dijo que tuve mucha suerte, porque sí la cortada hubiese sido un décimo de milímetro de más profundidad, hubiera cortado la arteria principal y hubiera perdido mi pie. Pasé el resto del verano en muletas y en cama.

Cuando en otoño regresé a la escuela, tuve que escribir un reporte acerca de como había pasado las vacaciones de verano. Escribí sobre mi accidente y la profesora me dio una mala calificación: un dos! No podía entender porque me puso esa calificación. Cuando le pregunté a la profesora, ella me dijo que había escrito una fantasía. Le dije que era la verdad y le pregunté si quería ver mi cicatriz. Me quité el zapato y el calcetín y le mostré la cortada grande y roja, la cual todavía tenía puntadas, entonces la profesora cambió mi calificación a un cinco, (la calificación más alta, era como obtener una A].

En Polonia era muy difícil obtener una educación superior. Antes de mi época, teníamos un gimnasio judío [como una secundaria]. Me dijeron que el gobierno Polaco lo había cerrado porque no lo querían acreditar.

Avram se hizo aprendiz en una muy buena escuela para sastres. Después de tres años de aprendizaje, tomó el examen Lodz para obtener su certificación de maestro sastre. Lo que le permitiría aceptar aprendices y enseñarles a ser sastres. Mi madre compró una máquina de coser, y Avram abrió un taller en nuestra casa. Mi hermano Szlama también aprendió y se hizo sastre. Avram, Szlama y dos aprendices más confeccionaban trajes y abrigos para las tiendas grandes de departamento. Las tiendas proporcionaban el material. Avram diseñaba los trajes y los abrigos. Entonces hacía patrones y cortaba la tela para las prendas, pero enviaba los pantalones a nuestro primo para que los cosiera, ya que esto le ayudaba para que también tuviera un sustento. Como maestro sastre, Avram se convirtió en el sostén económico de la familia. Los grandes almacenes querían que les confeccionara sus prendas porque era muy bueno—"Él tenía el toque" y hacía sus propios diseños. El taller de Avram y Szlama era próspero.

Para zapatos íbamos con los zapateros. Después de la guerra, cuando fui a Alemania no podía entender porque la gente compraba zapatos en los almacenes. Nosotros siempre fuimos al zapatero, el nos media el pie y elaboraba los zapatos a mano y a la medida.

Reuven estaba más interesado en libros y trabajo de organizaciones, pero no tenía una profesión para mantenerse por sí mismo. Trabajaba para un hombre que fabricaba la parte superior de los zapatos en piel. Reuven también podía diseñar zapatos. Hubiera sido un gran diseñador y zapatero sí hubiera estado en los Estados Unidos. Cuando el antisemitismo empezó a crecer en Konin, abrieron una tienda de departamento cuyos dueños eran polacos y tenían los zapatos más modernos. No sé de dónde venía la mercancía, quizá de Alemania, París o Italia. Reuven iba al almacén y del aparador copiaba los zapatos. Cuando los cuidadores polacos de la tienda veían a mi hermano venir, bajaban las cortinas de los aparadores para que no pudiera copiar sus bonitos diseños. Reuven primero trabajó como aprendiz para una persona que hacía la parte superior de los zapatos para venderlos a los zapateros. Los zapateros entonces los combinaban con las suelas de los zapatos para elaborar los zapatos terminados para las tiendas de departamento. Teníamos buen sustento hasta 1939, cuando la guerra empezó. Sí la guerra no hubiera estallado, nuestra familia hubiera tenido su propia tienda de ropa para hombres y mujeres.

2

Actividades y Hogar

Konin, Polonia, 1925-1939. Cada viernes, mi madre iba a la tienda de departamento para recoger el pago por los abrigos y trajes entregados. Ella traía el dinero a casa. Después ella le daba a Avram dinero suficiente para que pudiera salir el sábado en la noche al cine con amigos o para que saliera con una amiga. Sí Avram tenía dinero de sobra del fin de semana, se lo entregaba a mi madre. Szalma también recibía dinero de mi madre. Reuven y yo íbamos a una organización Zionista, donde acostumbrábamos a cantar, bailar y jugábamos ping-pong.

Cuando era un niño y regresaba a casa de la escuela y no tenía nada que hacer mis hermanos me permitían que cosiera. Cosía a mano el forro a las mangas de los abrigos. Sabía que eventualmente sería sastre; pero no quería trabajar para las tiendas de departamento. Quería tener mi propia tienda. Decidí que compraría las telas y los pantalones que confeccionáramos y los llevaría a vender al mercado. Los granjeros también llevaban su mercancía al mercado dos veces por semana, los jueves y los viernes. Especialmente iban los viernes, porque los judíos compraban huevos en la mañana para hornear el pastel *challah* [pan horneado con huevos y trenzado para el Sabbath], así como otros panes horneados y comprarían pollos, gansos o patos para la cena del Sabbath. Un día le dije a mi familia que cuando yo terminara la primaria íbamos a tener nuestra propia tienda e iría la secundaria en la noche.

Mi hermana Ryfka consiguió tela pre-cortada de una pequeña tienda de departamento, con esta tela cosía camisas. Se las pagaban por pieza. Mi hermana Ester ayudaba con los quehaceres de la casa —lavaba los pisos, lavaba la ropa, remendaba los calcetines. El día de lavar ropa, teníamos que calentar el agua en la estufa, llenar a tope una palangana grande, restregar la ropa en el lavadero, y colgarlas en nuestro ático o afuera en el pequeño patio. Cuando ya estaban secas, las llevábamos a la persona que tenía una máquina de planchar y las pasaba bajo los rodillos calientes para plancharlas. Siempre teníamos ropa limpia y calientita.

Cuando mis padres recién se casaron, mi padre era curtidor de pieles. El compraba pieles de vacas o de caballos jóvenes, los curtía en salmuera (solución con sal) o con vinagre, las limpiaba y después vendía las pieles para elaborar la parte superior de los zapatos. Después dejó este negocio porque no era redituable. Más adelante traía mercancía de otro curtidor; en la ciudad de Kolo. Al principio compró un caballo que mi padre manejaba. Más tarde alquiló una carreta a un granjero y el mismo la manejaba. Así no tenía que trabajar tan duro y tenía menos preocupaciones. Su negocio era tan dinámico como un servicio de mensajería. Durante los veranos, algunas veces iba con mi padre en viajes a pueblos cercanos. De regreso a casa, a menudo nos parábamos en un pequeño bosque y yo recogía zarzamoras. ¡Oh, eran tan deliciosas!

También recuerdo haber ido con mi padre a Kalisz, un pueblo a unos cincuenta y dos kilómetros [como treinta millas] de Konin a entregar peces carpa vivos. Teníamos que parar en ruta en la toma de agua de la plaza de Rychwal, un pueblo a más o menos a dieciocho kilómetros [como doce millas] de Konin, y poníamos agua fresca en los barriles con los pescados para mantenerlos vivos antes de entregarlos el viernes en la mañana para que pudiesen ser preparados antes del Sabbath. Mi padre ganaba 25 sloty (monedas) por transportar el pescado. Mi padre también compraba conejos y armiños y los llevaba a la persona que los despellejaba. Solamente la gente rica podía comprar los armiños. Mi padre entregó este tipo de mercancía a algunas tiendas en Konin por dos o tres años antes de la guerra; después entrando en sus tempranos 60's se retiró. Para este entonces mis hermanos ganaban suficiente dinero para que ya no tuviera que trabajar. Querían que descansara pero no lo hacía. Algunas veces mi padre alquilaba una carreta a un agricultor e iba de Konin a Kolo con pedidos para las tiendas en Kolo y a su regreso entregaba la mercancía a las tiendas de Konin. Para este efecto, mi padre, llevaba consigo cartas de autorización para recoger la mercancia.
Mi familia era muy unida y creo que era por la influencia de mi madre. Ella era quien nos disciplinaba y el papel de mi padre era ganar dinero y traerlo a casa para mantener a la familia. Nosotros, los hijos, nunca estábamos en desacuerdo con nuestros padres. Mi madre era una persona generosa y amorosa. Ella podía dar pero no podía tomar. Probablemente también era como una madre para sus hermanas. Cuando sus hermanas tenían problemas, ellas iban a visitarla, y ella resolvía las discusiones.

Nuestra casa era un apartamento con dos recámaras y cocina. Durante el día, una de las recámaras, con dos camas, se convertía en taller. Mis dos hermanas dormían juntas; dos de mis hermanos dormían juntos. Avram dormía con mi padre y yo dormía con mi madre hasta que tuve doce años. Más adelante yo dormía en un pequeño sofá. De seguro, que estábamos amontonados, pero no teníamos otra opción. Había cinco familias viviendo en nuestro edificio. Calentábamos nuestro departamento con carbón y leños de madera. La cocina de nuestro departamento era muy pequeña y a veces ahí teníamos que poner una cama.

Como no teníamos agua en tubería, teníamos letrinas fuera de la casa y los viernes antes del Sabbath, nos bañábamos una vez a la semana en una tina de acero llena con agua caliente. Durante las otras estaciones del año, nos aseábamos con agua fria en grandes palanganas. Los dientes los limpiábamos con los dedos y agua de sal. Yo no tenía un cepillo de dientes ni pasta. Una vez tuve una cavidad, en lugar de ir al dentista, tomé un algodón con yodo que lo froté hasta que quemé la caries. Me dolió por mucho tiempo hasta que el dolor cesó. No nos obturaban los dientes con plata, no podíamos pagar por este material— ¿quién podía? Algunas veces, la gente que no podía pagar ir al dentista, se envolvían los rostros inflamados con un chal para mantenerlos calientes. Sacábamos los dientes atando una cuerda a la manija de la puerta;   poniéndola alrededor del diente, y entonces, de un jalón fuerte cerrábamos la puerta, y la pieza dental salía. Algunas veces con mi dedo alrededor de mi diente flojo lo movía hasta que salía.

Las letrinas se colocaban en los patios, y unas estaban más limpias que otras. Siempre tenía miedo de las ratas en las letrinas. Era terrible. Mi hermano mayor Szlama era muy atinado en aventarles ladrillos, por lo tanto era mi protector.

Algunas veces iba a la toma de agua del pueblo, ubicada en una pequeña plaza a una cuadra de nuestro domicilio para llevar agua. Bombear el agua era fácil en comparación con el esfuerzo de tener que sacarla con cántaros. La gente rica empleaba acarreadores que les llevaba el agua. Los acarreadores tenían una yunta que se colocaban en los hombros y en esta sostenían las cubetas con agua. Yo tenía que acarrear los recipientes de agua en cada mano. También teníamos un barril donde se captaba el agua de la lluvia para que mis hermanas se lavaran el pelo, ya que el agua les hacía el pelo suave y lo ponía brilloso.

Era un niño travieso, y cuando me metía en problemas con mi madre, ella me pegaba. Mi padre nunca me pegó. Algunas veces mis hermanos también me disciplinaban con un *klop* (golpecito). Era el más chico, y estaba consentido. Me salía con muchas cosas. Siempre estaba activo en deportes—gimnasia, competencias de campo y pista. Nunca podía estar quieto, excepto en *chedder* (el templo) y la escuela pública. Ahí respetaba a los profesores, pero afuera, brincaba por todos lados— también en los techos. Nadábamos en el río Warta [pronunciado "varta"] que estaba cerca de casa. Una vez la corriente me arrastró y me empujo hacia abajo por lo que tuve que enseñarme a nadar. No sé cómo salí a la superficie, pero lo hice. Después de esa experiencia tenía miedo de jugar cerca del agua.

Cuando venía a casa para el lunch (a medio día) abría la puerta y preguntaba "¿Qué hay para comer?" Sí no me gustaba lo que había, decía, "Quiero sopa." Mi madre siempre cocinaba sopa. Siempre me gustó la sopa y todavía me gusta.

No teníamos radio en casa. Cuando queríamos escuchar la radio, íbamos a un lugar que antes era un bar, el dueño tenía un radio grande.

Creo que era un Phillips y ahí todos escuchábamos. Nos parábamos afuera del lugar y escuchábamos las noticias y sabíamos que estaba pasando.

Mi primer idioma fue el yiddish, (lengua judía internacional), el que hablábamos en casa. Tuve que aprender polaco porque tenía que ir a la escuela, y cuando vives en un país, tienes que aprender su idioma. Solamente fui ahí hasta el quinto grado, el gobierno abolió la disgregación racial; cinco niños y cinco niñas fuímos envíados a diferentes escuelas públicas, las que en realidad eran administradas por católicos, ya que la mayoría de los profesores eran católicos. Me transportaban "a—pie—." a la escuela pública polaca. Aunque los chicos y las chicas asistían a la misma escuela, estaban separados en diferentes partes del edificio. Diez de nosotros fuímos escogidos para asistir a la escuela a la orilla de la ciudad, a la que únicamente iban polacos. Estábamos en la escuela de cinco a seis horas al día y descansábamos en el verano, observábamos las fiestas judías aún cuando íbamos a escuela polaca.

El invierno era muy frío. Iba a la escuela laica temprano en la mañana hasta las doce o una de la tarde. Regresaba a casa para el lunch. Después asistía a la escuela hebrea hasta las seis o siete de la noche. Hacía mi tarea en la noche después de llegar a casa, pero no prendía las luces, porque era caro. Sacaba la lámpara de kerosén.

En la escuela polaca, algunas veces teníamos peleas porque las pandillas de chicos polacos nos querían extorsionar con dinero para protegernos. Nunca les dí nada, porque decía que era mejor pelear que darles lo que tenía. Mis amigos acostumbraban a llevar cinco *groszy* [centavos] consigo, y eso era mucho dinero. Pude haber ido a la dulcería y llevar un costal de dulces o un cono grande de helado, con esos cinco *grozys*. Mis padres trabajaban muy duro por nuestras cosas para regalarlas. Me peleaba con los chicos uno a uno y una vez le puse un ojo negro al líder. El padre del chico era un empleado en el edificio de mi tío. Cuando se enteró de lo que su hijo había hecho, le dio una paliza tan fuerte que mi tío podía escucharlos desde arriba.

En la escuela pública, en cada salón de clase, en la pared, había una fotografía del Presidente Moscicki de Polonia y en el centro había un crucifijo. Una fotografía de Field Marshall Pilsudski estaba en la otra pared. En la mañana todo el mundo se ponía de pie para rezar antes del comienzo de las clases. Nosotros cinco chicos judíos que estábamos en la clase, guardábamos silencio y no rezábamos. Los otros estudiantes se quejaban, "¿Por qué a los estudiantes judíos se les disculpa, y nosotros nos tenemos que sentar por dos horas para recibir instrucción religiosa?" Los sacerdotes les decían que rezábamos a un Dios diferente y que asistíamos a nuestra propia escuela religiosa. Cuando ellos tenían estudios religiosos, nosotros salíamos para nuestra escuela religiosa, la escuela hebrea. Los estudiantes católicos no entendían. Ellos sentían que debíamos ser iguales.

Nos resentían por ser diferentes. Yo creía que nos debíamos respetar entre nosotros.

Teníamos mucha tarea de la escuela. Algunas veces estudiábamos hasta muy tarde en la noche junto a una lámpara de kerosén. Era duro para mis ojos y otras veces me levantaba muy temprano a las tres o cuatro de la mañana, abría mi libro y leía. En ocasiones mis hermanos y hermanas me ayudaban. Uno de mis amigos judíos era uno de los mejores estudiantes en toda la escuela y era un matemático extraordinario. En algunas ocasiones recurría a él para que me explicara algunas cosas.

Historia me gustaba mucho. Una vez cuando fue el Día de los Padres en la escuela, mi profesor me dijo, "Sabes Mendel, nunca estudias en casa."

"Claro que sí estudio," replicaba.

"Oh, no", el profesor decía. Tú escuchas a los otros estudiantes y aprendes de inmediato, te doy mucho crédito por la rapidez con que captas las cosas en clase."

3

Días Festivos

Konin, Polonia, 1925-1939. En nuestra ciudad siempre había antisemitismo. Konin de donde yo venía en Polonia era la cuna del antisemitismo. A pesar de que solamente era un niño, podía percibir que éramos ciudadanos de segunda clase. Los antisemitas no me hicieron nada pero recuerdo que antes de la guerra acostumbraban a ir por los alrededores y pedían a los polacos que no compraran en las tiendas judías. De repente, unos polacos abrieron una tienda que contaba con el apoyo de antisemitas, nunca supimos si el dueño era un individuo muy rico o era una sociedad. Decían, "No compren de los judíos. Los judíos son cerdos, los judíos son ladrones y son los asesinos de Cristo."

Un día un montón de tipos no-judíos provenientes de las villas de los alrededores estaban por venir a nuestro pueblo. Traían garrotes y grandes palos. Sabíamos que eran antisemitas. Nosotros los judíos sabíamos que habría problemas. Mi hermano Szlama y sus amigos, a quiénes les llamábamos los "1916's," ya que todos ellos habían nacido en 1916, eran altos, gimnastas bien hechos. Ellos confrontaron a los rufianes. Se acercaron al grupo antisemítico hacia el final del río cuando el grupo cruzaba el río Warta y les dijeron que sí cruzaban el puente nunca íban a regresar. Los rufianes se dieron la vuelta, y todo se quedó en silencio. Después de ese incidente, no hubo más problemas.

A pesar de que había muchos judíos a la redonda, yo jugaba afuera con los chicos polacos ya que juntos íbamos a la escuela. Algunas veces los polacos y los judíos vivíamos en los mismos edificios del vecindario.

En Polonia, cuando terminabas el 7o. grado, era el equivalente a secundaria o a un nivel más elevado en Estados Unidos. Muy poca gente llegaba tan lejos. Si algunos estudiantes llegaban al cuarto o al quinto grado tenían mucha suerte. Una de dos, o los estudiantes fallaban en sus estudios, o cuando cumplían once o doce años los padres los sacaban de la escuela para ponerlos a trabajar en la casa para ayudar a mantener a la familia. Los judíos tenían una vida dura; solamente pocas familias eran ricas. Pero todos en mi familia excepto Reuven terminaron el séptimo grado. Reuven no terminó porque por dos años estuvo enfermo por un tipo de envenamiento alimenticio.

Nuestro doctor era el Dr. Joel. Cuando el doctor Joel falleció, una orquesta tocó, y los negocios cerraron cuando la procesión del funeral pasaba. Era muy respetado por todos en Konin. Cuando visitaba a un enfermo de pocos recursos, siempre dejaba dinero para que la familia comprara las medicinas. Cuando su carroza, que era jalada por caballos, se aproximó al *shul* [templo] la orquesta paró de tocar en señal de respeto.

Mi madre, la mayor de todas las hermanas, era un cocinera maravillosa. Mis tías aprendieron todo lo que sabían de ella. Todo lo que cocinaba era de buen sabor y delicioso, nunca escatimaba en los ingredientes. Mis otras tías tenían dinero pero eran tacañas. Mis primos solían preguntarle a mi madre, "¿Tía Dora, por que haces el pastel tan bueno? Siempre se ve bonito y amarillo, con muchos huevos y mantequilla. Era delicioso."

Cuando mamá servía sopa de pollo, ella tenía que tener cuidado para que ninguno de los pedazos de verdura estuviera flotando, o mi hermano Avram no la comería. Sí la sopa estaba recocida y blanca, nadie la comía. Nunca sobraba comida, excepto quizá sopa.

El único lugar que teníamos para guardar comida era en el sótano, porque ahí abajo era fresco. No teníamos refrigeración, pero teníamos hielo. El Sr. Green quien era dueño de la fábrica de refrescos, empleaba gente en el invierno para que del río cortaran los bloques de hielo que se formaban ahí. Los llevaban a la bodega y los cubrían con aserrín. Permanecían congelados por todo el verano. Nosotros comprábamos los bloques de hielo al Sr. Green para hacer helado en el verano. Esos bloques de hielo en verdad eran pesados. Me pagaba por apilarlos. En el invierno nuestro sótano estaba lleno de papas, y mi madre también llevaba col, la ponía en un barril de madera, la cubría y ponía una piedra pesada encima y hacía col fermentada [sauerkraft]. En el invierno usábamos carbón y leña para calentar la casa. Traíamos una estufa pequeña a la cocina y poníamos una tubería alrededor del cuarto, y todos los vecinos acostumbraban a venir a nuestra casa y se sentaban en la cocina caliente después de la cena. Más tarde regresaban al frío de sus casas.

En el invierno cuando iba a acostarme, acostumbraba a salir de la cocinita caliente a una habitación fría. Brincaba a la cama y me enroscaba como una pelota. Lentamente y poco a poco, me iba estirando hasta que la cama se calentaba. Hacía FRÍO. Recuerdo que acostumbraba a calentar la masa del *challah* (pan) en la cama. Poníamos el tazón con la masa en la cama y lo cubríamos con una toalla para que calentara lo suficiente para que la masa se elevara. Tenía que tener cuidado para que mis pies no lo empujaran fuera de la cama cuando me estiraba porque estaba calentándose dentro de la cobijas. Las cobijas eran de plumas por lo tanto eran ligeras y suaves. En la mañana, mi mamá, sacaba la masa para cocinar el *challah* y lo enviaba a la panadería. Cuando nos levantábamos en las mañanas, hacía tanto frío que brincaba de mi cama y me vestía rápidamente. ¿Se pueden imaginar? Quince grados bajo zero afuera y no tener calefacción.

La comida era valiosa. De una barra de pan, no cortábamos pedazos sólo porque sí. Mi madre cortaba un pedazo para el desayuno, otro pedazo para el lunch, y un tercero para la cena.

La vida era hermosa porque tenía una familia amorosa. Algunos de mis primos venían a nuestra casa. Su familia era más acomodada que la nuestra porque su padre tenía un hermano en los Estados Unidos de Norteamérica que les enviaba dólares. Nuestra casa siempre estaba abierta para todos. Mi mamá era una buena persona.

Los días festivos en casa siempre eran un gran acontecimiento. Todo el mundo vestía sus mejores galas. Yo me sentaba cerca de mi papá en el *shul* [templo] o me sentaba atrás. Todos teníamos nuestros propios asientos.

Todos los viernes, mi mamá preparaba el *challah* [pan] para el Sabbath (día sagrado de la semana judía.) Aproximadamente unas cuatro semanas antes del *Passover* [Celebración Judía religiosa-Pascua Judía), mi madre alquilaba una panadería y la *"koshered"* [limpiaban y preparaban el lugar de acuerdo a las leyes dietéticas judías], para esta labor empleaba cerca de veinte personas, hombres y mujeres, para que cocinaran el *matzah*, el pan especial sin levadura que se come en *Passover*. Las mujeres tomaban un pedazo de masa y lo enrollaban en pedazos, uno de los hombres llevaba los pedazos aplanados a una mesa diferente. A menudo yo ayudaba a otros hombres a usar una herramienta que tenía una rueda con puntas afiladas, la que rodábamos sobre la masa plana para formar pequeñas hileras de hoyos en la masa. Las piezas después se llevaban al horno, donde rápidamente se horneaban y no tenían tiempo de elevarse. Se apilaban y se llevaban a la tienda para venderlas a los judíos de la ciudad y de los pueblos de alrededor. Mi madre también hacía un platillo de matzah con las migajas de la masa. Asimismo, hacía arreglos para que los pobres vinieran a recoger gratuitame su matzah y comida. Para no avergonzarlos, ella los entregaba en paquetes especiales.

Nuestra familia celebraba *Passover* al pie de la letra. Terminábamos nuestro *Seder* [el servicio especial del Passover durante la comida de las dos primeras noches] hasta la una de la mañana, yo hacía las cuatro preguntas: "¿Por qué esta noche es diferente de las otras noches? ¿Por qué esta noche solamente comemos matzah, que es pan sin levadura? ¿Por qué esta noche comemos hierbas amargas? ¿Por qué en esta noche mojamos nuestras hierbas dos veces y nos reclinamos en la mesa? Por lo general me quedaba dormido antes de que el servicio terminara.

En Chanukah [Festival Judío de las Luces,] teníamos servicios donde prendíamos la velas de Chanukah. Nosotros en el coro cantábamos *Ha-Nerot-HaLalu* [una bendición especial sobre la velas en el servicio]. También prendíamos velas en casa. Durante *Simchat Torah* [el Servicio de Regocijo acerca de la lectura de los Cinco Libros de Moisés] teníamos banderas con una manzana y una vela en la punta. Marchábamos alrededor del *shul* [templo] mientras las personas mayores llevaban los pergaminos de los Cinco Libros de Moisés. Algunas mujeres arrojaban dulces desde los balcones cuando marchábamos dando la vuelta.

Los viernes en la noche, cuando comenzaba nuestro Sabbath, el ambiente en la casa era muy bonito. No importaba cuanto tenías o que tan pobre eras, siempre había suficiente comida. Teníamos un mantel blanco y hermosos candelabros de plata. No había suficiente lugar para que todos nos sentáramos alrededor de la mesa, así que sacábamos la extensión de la credenza [escritorio de madera]. Usualmente me sentaba con mi hermano en la credenza, y toda la familia cantaba después de la comida. Éramos una familia feliz, muy feliz. Mi padre, que tenía una buena voz, siempre cantaba el *Kiddush* [Oración de Santificación del Vino]. Para el Sabbath teníamos pescado carpa y otras veces algún otro pescado chico. Mi madre doraba y rellenaba la carpa. Pero algunas veces teníamos pescado dulce y amargo. Siempre sabíamos que era día festivo o viernes porque la casa olía a pescado cuando se estaba cocinando. Después teníamos tallarines, sopa de pollo, y más tarde comíamos carne, espinacas y chícharos. Cada semana era lo mismo. Después de comer nuestra comida, nos sentábamos alrededor de la mesa y cantábamos. Teníamos tres personas que cantaban en el coro. Mi madre y mis hermanas tenían buenas voces y mi padre tenía tremenda voz. Los vecinos se paraban afuera de la ventana para escucharnos cantar. Lo pasábamos muy bien cantando canciones en *yiddish* y en *hebreo*.

Los sábados en la mañana, mi padre, mi hermano Reuven, y yo íbamos al *shul* [templo]. El resto de mis hermanos a veces iban pero ellos se sentaban atrás para mostrar respeto por mi padre. Como se supone que los judíos no cocinan los sábados, los más ortodoxos comían *chalent* [un platillo especial con carne de res, frijoles, o papas] porque se cocinaba el viernes durante la noche, y todavía se conservaba caliente desde el lugar en el que se había cocinado y el tiempo en que era transportado a casa a las doce o la una de la tarde del sábado. Mi madre cocinaba el *chalent* en una olla grande de fierro y los viernes yo lo llevaba a donde lo hornearían. Incluso cuando era niño iba a la panadería el sábado en la tarde a recoger el *chalent* para llevarlo a casa. La olla estaba tan pesada que tenía que poner una toalla entre las dos agarraderas que parecían orejas y así la llevaba a casa. Siempre se cubría con una bolsa de color café, y en camino a la casa, tomaba una papa y me la comía.

Hubo un incidente. Nunca olvidaré una familia muy grande que era muy pobre. El padre era un *trager*. Es decir recogía y llevaba paquetes pesados en su espalda para entregar a las tiendas o familias. Una vez uno de sus hijos por error recogió nuestro *chalent* en lugar de recoger el de ellos. Cuando llegué a recoger el nuestro, solamente quedaba una olla de *chalent*, así que la llevé a casa. Cuando llegué deberían de haber visto los ojos de mi madre. El *chalent* no tenía nada que ver con el nuestro. Mi madre limpiaba los intestinos de la vaca y los rellenaba con harina sazonada y pedazos de pellejo de pollo derretidos los que colocaba entre las papas. Era muy delicioso. Pero el *chalent* que yo recogí no se podía comer. Mi madre entonces dijo, "Dejémosles que se queden con el nuestro. Esperemos hasta que terminen pero quiero mi olla de regreso." No comimos el *chalent* de ellos. Más tarde todavía en su olla, les llevé su *chalent*, y les dije: "Quiero nuestra olla de fierro de regreso." Estaban muy avergonzados, pero dije, "No se preocupen por eso." Entonces la madre dijo que habían disfrutado del *chalent* , así que recogí nuestra olla y regresé a casa. Así era mi madre—ella era una buena mujer.

Algunas veces no teníamos *chalent*. Comíamos sobrantes de la cena del Sabbath. El sábado en la tarde mi padre me escuchaba leer mis lecciones de hebreo. Acostumbraba a leer y traducir. Siempre trataba de escaparme cuando mi padre tomaba una siesta el sábado en la tarde. Le decía, "estabas durmiendo y no me podías oír." Algunas veces sabía las lecciones y otras no.

Durante el verano algunas veces el sábado en la tarde íbamos al río Warta, nadábamos y jugábamos en la playa. Recuerdo que los *Hasidim* se enojaban tanto, que le preguntaron al Rabino Lipshitz, "¿Cómo pueden ir a nadar? ¿Cómo pueden ir depués a la junta del *Hechalutz?*" El *Hechalutz y el Hapoel* [organizaciones Zionistas) por lo general estaban en el mismo edificio. Acostumbrábamos a ir allá y cantábamos, jugábamos ping-pong y bailabámos la *Hora* [baile folklórico judío.]

El rabino Lipshitz era un hombre muy inteligente. El decía, "No puedo hacer nada al respecto. Sí les digo algo, de todas formas no me escucharán. Ellos van a hacer lo que quieran. Siempre y cuándo ellos vengan los sábados en la mañana al templo, no lo puedo evitar."

4

La Comunidad No Judía

Konin, Polonia, 1925-1939. La comunidad judía y la no judía a diario trataban una con la otra. Muchos judíos eran dueños de tiendas y comerciantes. El panadero era judío, y estoy seguro que en el Sabbath empleaba un(a) Shabbas Goy (el término que se usa para identificar a una persona no-judía que se necesita para desempeñar los quehaceres ya que nosotros no podíamos hacer ninguna clase de labor en el Sabbath) una de las asignaciones era sacar los chalents del horno y entregarlos a domicilio. Algunas veces los polacos trabajaban como empleados domésticos en casas, otras como empleados de limpieza en edificios de apartamentos como el nuestro o tenían pequeñas granjas.

La mayoría de las granjas en Polonia pertenecían a cristianos, pero algunos judíos eran dueños de granjas y eran granjeros. La mayoría de los judíos eran comerciantes, dueños de tiendas, sastres o zapateros. Pocos judíos eran profesionales es decir, banqueros, doctores, dentistas o abogados. En el pasado en Polonia, los judíos no podían ser dueños de tierras y tampoco podían obtener educación superior. Había pocos judíos ricos en Polonia. Teníamos algunos doctores y dentistas judíos en nuestra ciudad. Pero nunca se vió una persona judía construir una casa para vivir en ella.

Algunos de los polacos en Konin era educados y otros no. Los profesores eran muy respetados. Recordando el pasado, durante mi niñez, nosotros no molestábamos a los polacos ni ellos a nosotros. Cuando era un chiquillo, mi mundo era Konin, y pensé que ahí me quedaría, me casaría y tendría hijos.

En los veranos los días era largos. Jugábamos béisbol en las calles. También jugábamos futbol soccer en la arena, y era difícil correr en la arena. Organicé el equipo de soccer. Siempre era el organizador. Todos acostumbrábamos a obtener un *groszy* o dos de los padres, y ahorrábamos nuestro dinero. Nuestra primera pelota de soccer fue hecha de tela de calcetines viejos. Finalmente juntamos nuestro dinero y compramos una pelota de piel. Tratábamos la pelota como a un bebé. La pelota tenía un neumático y a menudo lo limpiábamos y lo lubricábamos con aceite. Lo dejábamos brillante y lo manteníamos suave. Jugábamos sin zapatos porque no nos atrevíamos a jugar con nuestros zapatos. Sí tus zapatos se rayaban o se te caía la suela de los mismos y regresabas a casa, íbas a recibir la paliza más grande de tu vida. También acostumbrábamos a correr alrededor de las cuadras y jugábamos a las escondidillas en el tercer o cuarto piso en los áticos. Acostumbraba a subirme por un techo inclinado, no me podían encontrar. Era divertido. Siempre tomaba riesgos.

Teníamos un cine donde pasaban películas americanas en inglés, pero ¿quién podía pagar por ir al cine? ¿Quién podía permitirse ir al cine? Yo no podía pagar veinte o treinta *groszy*. A veces clandestinamente me colaba por una ventana con la esperanza de que no me pillaran. Porque sí me pillaban, me echarían fuera. También en Konin teníamos un grupo de drama *yiddish* que actuaban en *yiddish*. A veces ganaba algunos *groszy* distribuyendo sus folletos en los alrededores. Mi hermana Ester actuaba en el teatro.

En 1936 y 1937, estábamos conscientes de lo que sucedía en Alemania. Sabíamos que todos los ciudadanos polacos viviendo ahí iban a ser regresados a Polonia. Siempre hablábamos de salirnos de ahí e ir a Palestina [hoy en día Israel], pero nunca tuvimos la oportunidad. Los ingleses que gobernaban Palestina en ese tiempo, tenían una cuota para los judíos, y decían que dejarían entrar a quienes estuvieran aprendiendo agricultura. Mi hermano mayor Szlama, antes de que fuera reclutado en el ejército, estaba planeando ir por seis meses a un *kibutz* [granja cooperativa] en las afueras de Lublin, en el lado noreste de Polonia para aprender agricultura. Sin embargo, antes de que fuera reclutado, no pudo salir de Polonia. Estalló la guerra, y hubiera podido salir sí hubieran tenido suficientes visas, pero ya no alcanzó. Había un montón de gente en ese kibutz, y también teníamos uno en nuestra ciudad. La gente iba ahí para entrenarse para emigrar a lo que en ese entonces era Palestina. Querían evadir a las familias muy pobres. En el kibutz podían tener trabajo. La ciudad los ayudaba a encontrar trabajo y todo el dinero ganado se juntaba como un único ingreso que se destinaba para la administración del kibutz. En un kibutz no se preocuparían por tener en donde dormir y siempre tendrían suficiente comida. También se les entrenaba como agricultores para que emigraran a Palestina.

Mis hermanos Avram y Szlama estuvieron en el ejército por dos años. Szlama era artillero. Cuando la guerra estalló, Szlama estaba peleando en contra de los Alemanes y fue capturado en Varsovia cuando Polonia cayó ante el enemigo. Cuando Varsovia se rindió, Szlama estaba ayudando a defender Varsovia. Los nazis capturaron a los soldados polacos y los llevaron como prisioneros de guerra a un campo no muy lejano de Varsovia. Los nazis dijeron a los soldados que si se rendían, podían regresar a casa.

Algunos de ellos fueron enviados para Alemania a campos de trabajo pero Szlama regresó a casa para estar con la familia. Estuvimos juntos hasta que fuirmos deportados.

PARTE II
Los Años De Guerra y Post-Guerra en Alemania

5

Fue Un Milagro

Konin, Polonia, Septiembre 1939. Al final de la la Primera Guerra Mundial, Polonia se convirtió en república de nuevo, después de haber estado bajo los gobiernos de Rusia y Alemania. Polonia era muy rica en agricultura y la vida era buena. Con la elección de Adolfo Hitler para gobernar el país, en 1933, los nazis tomaron Alemania. En 1938 las nubes de guerra aumentaban. Los nazis habían entrado a Sudeteland, parte de Checoslovakia, con el consentimiento del Primer Ministro de la Corte de Inglaterra. En Septiembre 1, 1939 invadieron Polonia. Konin estando tan cerca de la frontera Alemana fue de las primeras ciudades polacas invadidas.

Tenía catorce años cuando los nazis entraron a la ciudad de Konin. Ese fue el día que tomaron nuestra sinagoga durante el servicio de *Rosh Hashanah* [El Año Nuevo Judío]. Dos de mis hermanos y yo cantábamos en el coro. Me gustaba mucho cantar en el coro en festividades importantes. Nos vestíamos con nuestras mejores galas. El servicio era prolongado, pero rezábamos con mucho fervor y enriquecía la espiritualidad del servicio. Todavía recuerdo la oración que estábamos cantando esa mañana. Era relacionada con la parte sobre si Dios escribe tu nombre en el Libro de Vida o no para el año entrante. No tenía idea de cuán real sería esa oración.

Los nazis entraron violentamente, gritando que todo el mundo debería de salir del lugar e ir a su casa. Todos salimos corriendo del *shul* [templo] excepto los extremadamente religiosos, pero como los *Hasidim* tenían una habitación contigua a la sinagoga, se quedaron y rezaron. Un poquito más tarde y viendo a través de la ventana en mi casa, ví a los *Hasidim* corriendo a sus casas. Todavía tenían puestos sus chales para orar. Esos *Hasidim* tuvieron mucha suerte de no haber sido asesinados.

Varios días más tarde los nazis reunieron a cierto número de judíos en el pueblo de Konin. A varios judíos de nuestra comunidad, se les ordenó regresar a la sinagoga y a la casa de estudios para sacar fuera todos los objetos religiosos. Sacaron de los recintos, libros y chales de oración, sombreros oficiales hechos de terciopelo para festividades importantes que los usaban los miembros del coro en las festividades mayores y nuestros pergaminos más santos, el Torah, que contiene los Cinco Libros de Moisés. Estos artículos santos fueron amontonados y los colocaron en nuestra plaza más pequeña que estaba ubicada cerca del *shul* [templo] en el corazón del barrio judío, llamado *Tepper Marik*, donde los comerciantes de la localidad vendían, aves, carne, legumbres, verdura, fruta, ropa, zapatos, artículos para el hogar, etc. Era un mercado lleno de vida en donde todos los puestos pertenecían a judíos. Todos los martes y los viernes llevaban sus mercancías a la plaza para vender.

Cuando nadie me veía corrí a la sinagoga, tomé mi *talis* [chal de oración] y mi sombrero que usaba para cantar en el coro. Me los puse bajo la camisa y me salí, sintiéndome bien porqué salvé estas pertenencias preciosas. Las llevé a casa y se las dí a mi padre. Mí padre guardó con él, el talis y el chal todo el tiempo. Estoy seguro que mi padre los llevó con él al campamento de muerte en Treblinka.

Después de que los judíos terminaron de amontonar el Torá, los Libros de Oración y otros artículos religiosos en las plazas pequeñas que estaban cerca del *shul* (templo) los nazis intentaron que nuestro rabino Lipschitz, les prendiera fuego con un cerillo. El rabino no lo quizo hacer. Me enteré que el rabino dijo, "Mejor me muero que prender con un cerillo estos artículos santos."

Finalmente un oficial de la SS (Policía Secreta de Hitler que perseguía a judíos)   prendió fuego a los libros, pergaminos y chales. No estoy seguro sí los nazis pusieron gasolina a los artículos apilados para quemarlos. Sólo sé que tan pronto se inició el fuego, empezó a llover. No era lluvia fuerte, pero constante. Esa pila de objetos religiosos ardió por tres días y tres noches. Entre más se avivaba el fuego, más lluvia caía del cielo. Cuando el fuego cesó. Tambien dejó de llover. Creo que fué un milagro. Alguién allá arriba estaba llorando por la pérdida de esos objetos preciosos.

Había mucho humo, porque el Torá en realidad nunca se incendió por estar hecho de pergamino. Sólo se chamuscó un poco. Los libros de oración se quemaron bastante. Al cuarto día, busqué a mi amigo Nachmusz, cuya familia todavía tenía la carreta. Lo convencí para que fuéra conmigo a la plaza a recoger el Torá, los libros de oración y cenizas para cargarlas en la carreta y llevarlas al cementerio. En la tradición judía estos artículos deben de ser enterrados apropiamente cuando se han desgarrado o se han "desgastado."

Al estar cargando la carreta, un oficial de la SS se nos acercó y preguntó " ¿Que hacen ahí?' Rápidamente pude contestar en alemán imperfecto, ya que yo podía hablar yiddish en la casa, que es más parecido al alemán, "Estamos limpiando la calle. Estamos llevando esta basura al río Warta. En cuanto estuvimos fuera de la vista del oficial de la SS, dimos la vuelta y fuimos al cementerio.

En el camino, nos paramos y recogimos a un hombre—no recuerdo su nombre. El era un *shomer*, el hombre que se sienta con los cuerpos de los muertos hasta que han sido enterrados. En judaísmo una vez que una persona muere, sus restos nunca se quedan solos hasta el día del entierro. Este ritual se hace para asegurarse que no se le haga daño a la persona fallecida, ya que esa persona no puede cuidarse por sí misma.

Tres de nosotros, escarbamos una fosa pegada a la pared del cementerio, porque el cementerio es tierra sagrada. Debido a que estos objetos religiosos fueron destruídos o "murieron" de forma no natural, la ley judía no permite que sean enterrados en medio del cementerio. Terminamos de escarbar la fosa y enterramos todos esos objetos preciosos. Fue tan triste. Rezamos un *Kaddish*, la oración judía para los muertos. ¡Nos salimos de ahí tan rápido como pudimos, caballo, carreta y todo!

Todo este tiempo, nos estuvo observando el encargado del cementerio. Más tarde, nos enteramos, que era un *Volksdeutcher*, persona nacida en Polonia de ascendencia alemana. El sabía que se suponía que nosotros no deberíamos de haber enterrado esos objetos. Corrió y le dijo al oficial de la SS lo que habíamos hecho. Los de la SS nos buscaron pero para cuando ellos llegaron al cementerio con los nazis, ya habíamos enterrado todo y no sabían donde encontrarlos.

6

Los Orificios de Balas Aún Visibles en la Pared

Konin, Polonia, Octubre 1939. La vida nunca fue la misma después que los nazis invadieron Konin. Las cosas las habíamos dado por hecho—ir a la escuela, jugar con quien yo quería, cuando tenía ganas paseaba por todo el pueblo—todo esto se nos quitó. En ese año, mi vida cambió para siempre! Algunos amigos que eran *Volksdeucher*, de herencia alemana, se pusieron la banda de esvástica en los brazos y decía: "Ya no más jugamos con judíos." También había algunos amigos polacos que ya no querían jugar conmigo. Todo lo que había conocido, todo lo que amaba, todo lo que para mi era precioso desapareció.

Cada día los nazis publicaban nuevas reglas. Primero, impusieron un toque de queda: Ningún judío podía salir de su casa entre las 18:00 horas hasta las 6:00 de la mañana. Los no judíos no podían salir de sus casas de las 21:00 horas a las 6:00 de la mañana. Entonces a los niños judíos no se les permitía asistir a la escuela. Los judíos no podían ir a la sinagoga. Los nazis convirtieron nuestra sinagoga en un establo de caballos. Los nazis tomaron como rehénes a no judíos y judíos y los encarcelaron a la fuerza.

Recuerdo la primera vez que los nazis fusilaron a personas en nuestro pueblo. El nazi encargado de nuestro pueblo, dijo, "sí algo sucede a un alemán, todos los rehenes se morirán." Los nazis empezaron un lento proceso para quitarnos nuestros derechos, nuestra libertad, y algunas de nuestras pertenencias, tales como radios y abrigos de piel.

Diez días después de la llegada de los nazis, en el día más sagrado en el Año Judío *Yom Kippur*, hubo un llamado para que todos los ciudadanos fuéramos a la plaza mayor del pueblo. Nadie quería ir. Todo mundo tenía miedo. Yo estaba contento; pensé que íbamos a escuchar a la orquesta. Cuando llegué a la plaza mayor de la ciudad, solamente ví a pocas personas no-judías, algunos de ellos era agricultores.

La ciudad tenía dos plazas porque los agricultores venían al pueblo durante los días de la semana a vender sus productos, tales y como pollos, huevos, mantequilla y verduras. Ellos se juntaban en estas plazas.

Siete nazis trajeron a dos de los rehénes, un judío, el Sr. Slotki, y otro que no era judío. Hicieron marchar a los rehénes y los hicieron pararse al frente de una pared del edificio. Yo esperaba que los rehénes dijeran algo acerca de lo que estaba pasando. Nadie dijo nada.

De repente seis de los soldados de la SS marcharon con su líder y se pararon de espaldas frente a mí, pero mirando hacia los rehénes, a quienes habían colocado parados cerca de la pared frente a las personas que los nazis habían ordenado se juntaran en la plaza. El líder les ofreció pañuelos y vendas para los ojos, los que rehusaron usar. Después le dijo algo a los hombres que no pude escuchar. El líder se hizo a un lado y dio órdenes a sus hombres para que dispararan a los rehénes. Los balazos repiquetearon. Ambos hombres calleron al pavimento. Ésta fue la primera vez que ví fusilar a personas, y llenos de sangre cayeron muertos. Hoy en día los orificios de las balas todavía están ahí y una lápida en su memoria fue erigida en la pared, cerca de donde ellos estaban. ¿Se pueden imaginar?

Corrí a casa tan rápido que pensé que mis pies se desprenderían. Dije a mi familia y a mis vecinos lo que había visto. Al principio nadie me creyó lo que les conté. Más tarde los vecinos dijeron que los hombres detenidos como rehenes no habían hecho nada malo, estos hombres no habían hecho nada que merecieran que los mataran.

Varios días después, los nazis reunieron a todos los profesores de Konin y sus alrededores. Cuando miré a través de la ventana, ví a los profesores de mi escuela. Todos esos profesores marchaban con los oficiales de la SS por delante y detrás de ellos. Los hombres de la SS marcharon con los profesores rumbo al cementerio judío y los balacearon a todos. El cien por ciento de ellos no eran profesores judíos. Los nazis los reunieron, los llevaron al campo y los fusilaron, uno a uno, directo a la cabeza con sus armas de fuego. Hoy en día todavía existe una lápida erigida en su memoria. Todos fueron asesinados en una tarde.

¿Por qué mataron a los profesores? Creo que porque era una comunidad básicamente pequeña en la que la mayoría de las personas quizá tenían educación hasta el quinto grado. Posiblemente, los profesores, que tenían más educación, serían los que pelearían en contra de los nazis. Matando a los profesores, los nazis evitaban que alguien se revelara en contra de lo que estaban haciendo a la gente.

Después de que los profesores fueron asesinados, creo que el miedo había aumentado en todos los hogares. A partir de las seis de la tarde todas las ventanas se abrían porque todo el mundo estaba viendo que es lo que pasaba afuera.

Una vez que los nazis llegaron tuvimos que cambiar nuestra forma de vivir, nuestra forma de hacer las cosas. Antes de que los nazis llegaran, teníamos nuestro propio *shochet* (la persona que conducía el ritual de sacrificar nuestras aves y reses en la mejor forma para evitarles dolor para que las leyes dietéticas del *kasherut* [preparación de alimentos kosher] se cumplieran. Una vez que los nazis vinieron, nuestro *schochet* tenía miedo de practicar el ritual para sacrificar los animales porque no estaba permitido. La fiesta de *Succoth* se aproximaba y mi madre quería pollo para la cena en este día festivo. Se suponía que no podíamos comer aves a menos que se hubiesen sacrificado bajo las normas del ritual.

Decidí ir a Golina, un pueblo pequeño aproximadamente a unos diez kilómetros [seis millas] de Konin. Ya que realmente era una villa, pensé que el *shochet* del lugar todavía practicaba este tipo de sacrificios. Tenía un plan. Me vestí con pantalones rotos y una camisa. Tomé la bicicleta, puse una canasta en la parte de atrás con un par de pollos adentro y empecé a pedalear hacia Golina. No estaba muy preocupado de que me aprendieran porque no parecía judío. Tenía el pelo rubio, ojos azules, y hablaba polaco bastante bien, así que la gente que no me conocía pensaba que yo era polaco.

Tenía preparada una historia en caso de que los oficiales de la SS o la Gestapo me detuvieran. Decidí que si me paraba alguno de los dos, les iba a decir, "miren estas aves son venenosas, por eso las maté para llevarlas a los judíos para que las coman y se enfermen." Imaginé que sería una buena historia sí es que me paraban. Nunca me pararon. Había muchos soldados en la carretera, y nadie me prestó atención.

Para cuando regresé a Konin, ya eran las 18:00 horas. Mi barrio entero me escuchó pedaleando como alienado por esas calles hechas de rocas redondas. El ruido de mi bicicleta sobre esas piedras debió de haber sonado como una manada de elefantes. Mis hermanos abrieron la puerta del frente, yo brinqué de la bicicleta y rápidamente entré a la casa. Ambos, mis padres, respiraron hondamente y suspiraron con alivio por que finalmente había llegado a casa. ¡Que día festivo fue ese con alimentos kosher para que mi familia comiera!

7

No Te Preocupes Por el Mañana

Konin, Polonia, Noviembre 1939. Antes de que los nazis vinieran a Konin, mi familia era el centro de mi mundo. Mis padres, mis hermanos, mis hermanas, significaban todo para mi. Mis recuerdos más felices eran estar sentado con mi familia después de los alimentos, cantando canciones, riéndonos y bromeando.

Después que los nazis llegaron al pueblo, todo cambió. Podíamos sentir la presencia de los nazis a nuestro alrededor. Ellos marchaban por todos lados; los podíamos escuchar a cuadras distantes de la casa. Sus botas tenían clavos en los talones y las suelas. Esos clavos hacían un ruido tremendo cuando golpeaban las rocas de las que nuestras calles estaban hechas.

Cada vez que escuchábamos que los nazis se acercaban teníamos mucho miedo, especialmente más por mis dos hermanas, las que corrían al sótano. Los nazis eran conocidos por llevarse a muchachas jóvenes, mujeres y amas casas para abusarlas. Teníamos una escotilla cubierta con la alfombra que llevaba al sótano. Cuando oíamos el sonido de los soldados que se acercaban, levantábamos la alfombra, apresurábamos a mis hermanas por la escotilla y jalábamos hacía arriba la alfombra sobre la puerta del sótano y poníamos una mesa encima de todo. Una vez que los nazis se alejaban de nuestra casa, mis hermanas podían salir y ésta era la rutina hasta la siguiente vez que los nazis se acercaban a casa. Mi madre tenía algo de visionaria. A menudo ella tenía intuición acerca de cosas que íban a pasar antes de que en verdad sucedieran. Un día inmediatamente después de que los rehenes fueron acribillados a muerte en la plaza del pueblo, ella me miró con ojos tristes y dijo: "Mendel, un día vas a partir. Te vas a ir por tu lado y yo tomaré el mío."

Le dije, "¿Madre, de que estás hablando? ¿Siempre estaremos juntos—que es ésto? No entendí lo que ella trataba de decirme.

Continuó hablando como sí no me hubiera escuchado. "Cuando estes sólo , caminando por la calle, supongamos que un hombre viene hacia ti. Este hombre te dice, 'No tengo nada que comer, voy a morir.' ¿Qué harías? Ella me preguntó.

"Madre, si va a morir, no habrá nada que yo pueda hacer por él," dije.

Ella me preguntó, "¿Tienes un centavo en tu bolsillo?
"Sí," le dije.
"Dáselo a él," me dijo mi madre.

"¿Cómo le voy a dar mi último centavo? Le pregunté a ella. "El día de mañana tendré que comprar pan para mí con ese centavo."

"Dále el centavo" mi madre dijo de nuevo. "Con este centavo, estas salvando una vida hoy. No te preocupes por el mañana."

Ella me miró de nuevo con ojos tristes y dijo. "No estoy preocupada por tí, Mendel. Cuando te avienten al fuego, siempre saldrás caminando de éste." Esto se me quedó en la mente. Me tomó años y años para finalmente entender lo que mi madre estaba tratando de decirme aquel día.

Mi madre me enseñó a nunca perder mis esperanzas y creencias. De todas las cosas que me sucedieron durante la guerra, siempre pensé en forma positiva, que iba a sobrevivir, sin importar lo que sucediera. Estas tres cosas, esperanza, fe y pensamiento positivo, son las que me mantuvieron vivo por los próximos cinco años y medio.

Habían pasado dos meses desde que los nazis invadieron nuestro pueblo, lo más que podíamos, tratábamos de continuar la vida en forma normal. Había pequeños cambios por todos lados, tan pequeños que eran difíciles de notar. Pareciera que una nube negra había descendido sobre Konin. Todo estaba muy calmado, porque la gente tenía mucho miedo.

Dentro de poco tiempo todas las mañanas, los nazis empezaron a reunirse en medio de la pequeña plaza con grandes camiones de transporte. Iban de casa en casa, reuniendo judíos, los subían en los camiones y los llevaban a trabajar para ellos desempeñando diferentes trabajos. A los judíos los ponían a limpiar papas, los pisos y en general a cuidar a los soldados alemánes en la ciudad. A los judíos nunca se les pagó por lo que hacían. Esencialmente los judíos trabajaron gratis para el ejército alemán.

Un día a fines de Noviembre, los nazis vinieron a nuestra casa y nos dijeron que teníamos de cinco a diez minutos para salirnos de nuestra casa. Nos tomaron por completa sorpresa. No puedo recordar en detalle lo que tomamos. Todos tomamos de nuestras pertenencias, lo que pudimos agarrar. Algo de ropa, cobijas y algo de comida. Mi familia entera, mis padres, tres hermanos, dos hermanas, y yo, fuimos a la plaza. La mayoría de mis parientes ya estaban reunidos ahí. Los nazis nos llevaron a las afueras del pueblo a un lugar que había sido una escuela militar polaca.

Una vez en el edificio, los oficiales de la SS dijeron a todos nosotros que teníamos que colocar en la mesa frente a la caja fuerte, toda la joyería y otros objetos de valor. El oficial de la SS dijo que nos darían un recibo por nuestras pertenencias y que los artículos serían regresados a nosotros, tan pronto llegáramos a nuestro destino. Para nada, me gustó este comentario. Le dije a mis padres, "No les vamos a dar nada. No les den nada a ellos. Nosotros mismos vamos a esconder nuestros artículos de valor." Mucha gente caminó hacia el frente y entregó sus valores y su dinero, pero nosotros no lo hicimos.

Mis hermanos eran sastres y confeccionaban nuestra ropa. Claro, en esos días, todo el mundo tenía ropa hecha a mano. Mis hermanos habían cosido bolsillos escondidos en el forro de alguna de nuestra ropa. Mi madre tenía muchas alhajas que usaba en ocasiones especiales y en días festivos. Ella había llevado sus alhajas consigo, pero las había escondido en el forro especial que mis hermanos habían diseñado. Mi madre tenía lindos anillos, pulseras, cadenas, y diamantes, que estaban todos entremetidos en bolsillos secretos.

Tomé dos de los anillos de mi madre y me acerqué al guardia ucraniano asignado a vigilarnos. Le dí los dos anillos al guardia, como depósito, diciéndole que regresaría. Le dije, "Espero que cuando regrese, estes aquí para dejarme entrar al edificio." Tenía que salir del edificio para ver que pasaba, y tratar de descubrir que es lo que ellos planeaban hacer con nosotros.

Una vez afuera observé que todo estaba tranquilo. Nada se movía; todo estaba en silencio. Nada estaba pasando. La mayoría de los judíos los habían llevado a la escuela militar, y a los no-judíos los mantuvieron fuera de la escena. Pensé en regresar a casa, pero decidí no hacerlo. Cuando regresé a la escuela, el guardia ucraniano no estaba por ninguna parte. Ni tampoco los anillos. Nunca más volví a ver los anillos ni al guardia

8

Junto Con Mi Familia Transportados a Ostrowiec

Esperamos en el edificio hasta la caída de la noche, Cuando los nazis nos alinearon. Caminamos a la estación de tren, en donde furgones de ferrocarril cerrados y vacíos que usaban para transportar ganado nos esperaban. Estos furgones habían sido construídos para transportar 12 vacas. Los nazis empacaron entre 75 y 100 personas en cada furgón.

Fui afortunado—mi familia y yo fuimos embarcados en el mismo furgón. Muchos de nuestros parientes también estaban en el furgón con nosotros. Algunos de los niños fueron separados de sus padres, los embarcaban en el mismo tren pero en diferentes furgones. Tuve mucha suerte de estar junto con mi familia. Estabamos ahí cómo sardinas, con destino desconocido. Cuando menos las sardinas son empacadas en agua; nosotros estábamos apretados sin comida y agua.

Este pequeño furgón de madera se convirtió en nuestra sala, comedor, baño y cementerio. Estábamos empacados tan apretadamente, que cuando alguién moría, amontonábamos su cuerpo contra la pared para que el resto de nosotros pudiéramos tener espacio para respirar.

Viajamos de esa manera por tres días y tres noches. Algunas veces durante el día, alguno de mis parientes me levantaba en brazos para poder mirar hacia afuera por la pequeña ventana rodeada con alambre de púas. Yo anunciaba en voz alta las ciudades que veía al pasar. De esta forma, podíamos saber en que dirección íbamos. Finalmente llegamos a Varsovia. Estoy seguro que no tomamos una ruta directa, porque tomó muchos días para llegar a nuestro destino.

Entramos a la estación y nos quedamos todo el día mientras el oficial de la SS y el alcalde municipal de Varsovia se reunieron para decidir si nos llevaban al gueto o no. Después de esperar todo el día a nadie se le permitió subir o bajar del tren, el alcalde debió de haber decidido que Varsovia ya tenía demasidos judíos en el gueto y no nos aceptaría. El tren empezó a moverse sin que nadie se bajara.

Salimos de Varsovia y continuamos viajando hacia la parte sudeste de Polonia. Recuerdo que para ese entonces, la gente estaba bastante callada, no había muchas conversaciones. Era un niño, por lo tanto, no prestaba mucha atención, pero creo que la gente verdaderamente estaba abatida. Quizá los padres sabían lo que estaba pasando, pero no querían hablar de esto por los niños, no estoy seguro. Mis padres nos dijeron a nosotros que todo iba a estar bien, que íbamos a una nueva ciudad para empezar una vida nueva.

Después de tres días y tres noches de viaje en el tren, sin comida, sin agua y sin espacio para acostarse para dormir, finalmente llegamos al pueblo de Ostrowiec. El *Judenrat* [La Municipalidad Judía) nos aceptó; creo que no tenían otra opción. Fuimos llevados a una escuela grande; y la comunidad judía nos llevó algo de comida—sopa y pan. Más tarde los líderes de la Comunidad Judía vinieron y nos asignaron alojamiento. Los cristianos no tuvieron que salir del gueto una vez que se estableció, y los judíos quienes ya vivían ahí se quedaron en sus casas.

A mi familia la enviaron a una casa de los alrededores cerca del gueto. Dieciséis de nosotros fuímos asignados a dos cuartos en el segundo piso de un casa muy pequeña, era como un ático. Además de los ocho miembros de mi familia, mi tía, tío, sus dos hijas y otra familia también vivían en estas dos habitaciones. Recuerdo el techo inclinado. Durante el día poníamos una tabla de madera a lo largo de dos barriquetes de madera para hacer una mesa. En la noche, poníamos la misma tabla de madera en los postes de la cama para hacer una cama de dos pisos. Esas habitaciones eran tan pequeñas que uno de nosotros tenía que dormir en el suelo.

9

Nunca Robé Nada

Ostrowiec, Polonia, Febrero 1940. Una vez instalados en el gueto de Ostrowiec, todo el mundo excepto los muy jóvenes y los muy mayores tenían que trabajar. La vida aquí era muy diferente a la vida en Konin. Teníamos que cumplir con los toques de queda, pero todavía teníamos nuestra libertad. En Ostrowiec, todo eso cambió.

No podíamos salir del gueto, a menos que fuera por una circunstancia de trabajo y acompañados por guardias. No había bardas o alambres con púas alrededor del gueto, pero había ciertas calles y edificios con límites que no debíamos de traspasar. Aunque se suponía que no debíamos salir del gueto, algunas personas salían. Ahora bien, esto era una trampa por que los de la SS y la policía alemana constantemente patrullaban la zona en motocicletas y bicicletas, buscando judíos fuera del gueto. Cuando encontraban a un judío fuera del gueto, él o ella eran inmediatamente fusilados.

Poco tiempo después que nos establecimos en el gueto de Ostrowiec mi hermana Ester y Wolf Kaczka se comprometieron, decidieron casarse en el gueto. Cuando un vecino judío, se enteró que se querían casar, él y su familia abrieron las puertas de su casa y arreglaron una hermosa boda. Nuestra familia y parientes asistieron. Todo el mundo estaba felíz. En el gueto no había ninguna escuela para que yo asistiera. Ahora ya tenía quince años pero era pequeño en estatura para mi edad, por lo tanto no se requería que yo trabajara. Pasaba mis días saliéndome del gueto en la mañana y regresando en la noche. Esto lo hacía con facilidad ya que no parecía judío.

Llevando pantalones, chamarras, y sacos que mis hermanos confeccionaban, los vendía y los intercambiaba a los granjeros polacos. Compraba o intercambiaba las prendas por huevos, mantequilla, papas, harina y pan de diferentes vendedores. Los granjeros tampoco nunca sopecharon que yo era judío. Sí hubieran sabido me hubieran cobrado extra por los artículos, o simplemente me hubieran entregado a los nazis. En este tiempo, la comida era difícil de encontrar así que era difícil introducirla al gueto, esto es lo que yo hacía de mi parte para alimentar a mi familia.

Aunque se suponía que yo no trabajara, siempre iba alrededor del gueto para encontrar cosas que yo pudiera hacer para ayudar a mi familia y parientes. Algo que debo de mencionar, es que nunca ROBÉ nada. Robar es una palabra sucia. "Organizar" es una palabra mucho más sofisticada.

Encontré muchas formas de organizar y hacer dinero, aún cuando vivíamos en el gueto.

Mis hermanos, siendo sastres, me confeccionaron un abrigo largo, con grandes bolsillos. Estos en realidad no eran bolsillos de verdad, sino que eran falsos, cortados a través del forro interno de la tela del abrigo. Así que cuando llenaba mis bolsillos, lo que en realidad llenaba por completo era el forro del abrigo. Más bien llenaba el fondo entero de mi abrigo. Era casi imposible darse cuenta que había algo en el fondo. Mis hermanos también me confeccionaron un par de pantalones con las piernas muy anchas, pero que quedaban muy ajustados a la altura de los tobillos. Usaba estos pantalones cuando me ofrecía de voluntario con los alemanes para hacer limpieza fuera del gueto.

A los alemanes no les importaba que alguien más hiciera la limpieza en su lugar —cualquier cosa con tal de no tener que hacerla ellos. Los nazis estaban contentos de tener ayuda extra haciendo las cosas que no querían hacer. Los alemanes pensaban que yo solamente era un chiquillo polaco buscando como ganar un poco de dinero. Sólo mantenía los ojos abiertos y ofrecía mi ayuda..

Un día fuí a la fábrica de azúcar [Ingenio Azucarero], donde fabricaban azúcar de betabeles, que se cultivaba en Polonia. Parecía un chiquillo polaco con mis pantalones rotos y pelo rubio. Me colaba por el guardia de seguridad junto con los trabajadores ya que ellos caminaban alineados para pasar por la caseta de seguridad. Como trabajaba descargando azúcar de betabel, puse unas pequeñas bolsas con azúcar en mis bolsillos y las llevé a casa. Solamente trabajé ahí por pocos días y esto también era para ayudar a mi familia.

Cerca del gueto había una panadería a donde los soldados alemanes llegaban con furgones cubiertos para llevar pan a las tropas. Yo depositaba las piezas de pan en los furgones, mientras los alemanes las contaban, hablando y riéndose. Los alemanes contaban los panes; yo también contaba las piezas de pan que llevaría a casa. Mientras acomodaba el pan en un furgón, ponía piezas de pan entre medio de la caja en el furgón y las cuerdas que mantenían cubierto el vagón.

Cuando los soldados alemanes no me veían, sacaba las piezas y las ponía en mi abrigo grande. Así podía llevar tres o cuatro barras de pan a la casa para compartir con mi familia. Había una viejecita que vivía arriba de la panadería. Era dueña de la panadería antes de que los nazis la tomaran. Ella observaba desde su ventana mientras yo tomaba el pan; todavía la puedo recordar hoy en día. Solía decirme, "Cuando te agarren llevándote el pan, te van a matar."

Volteaba a verla y decía, "No estoy preocupado por esto." Creo que tener quince años me ayudaba de alguna forma. Los adolescentes no piensan en morir. Me mantenía enfocado en la comida o el dinero. En nuestra familia cada uno de nosotros hacía su parte para sobrevivir en el gueto. Se suponía que mi hermano mayor, Avram, debería de trabajar todos los días, pero no era así. Avram hacía su labor de sastre desde la casa y mi padre iba en su lugar para detallar el trabajo de mi hermano con los alemanes.

Como mi padre estaba en los mediados de sus sesenta años, no se requería que se uniera a la fuerza laboral. Un oficial de la SS vino a la casa para arrestar a Avram, porque no se había reportado a trabajar. El oficial iba a encarcelar a mi hermano. Caminé hacia el oficial de la SS y le pregunté, '¿por qué lo va a llevar a la cárcel'? Yo voy a la cárcel en su lugar." Al oficial de la SS no le importaba quien fuera a la cárcel, siempre y cuando alguién fuera. El oficial de la SS solamente estaba cumpliendo con su "obligación." Así que en lugar de mi hermano, a mi me llevó a la cárcel! ¿Se pueden imaginar? ¿Un muchacho de 15 años yendo a la cárcel?

La cárcel en Ostrowiec todavía está ahí. Nada parecidas a las cárceles en los Estados Unidos. Las celdas de la cárcel estaban en el sótano del mismo edificio. Después que usábamos la letrina que era una cubeta en un rincón de nuestra celda, teníamos que limpiar todo a mano. El olor era terrible. Había agua corriendo hacia abajo en las paredes. Tenía tanto frío en la cárcel.

Compartía la celda con otro individuo. No supe que clase de crímen había cometido. Creo que le caí bien desde el primer momento, porque no me molestó. Quizá se debió a que yo era muy joven. Acostumbrábamos a salir al patiecito de la cárcel para respirar aire fresco y hacer ejercicio. Algunos prisioneros me preguntaban que en que celda estaba yo. "Estoy en la celda con esta persona," les decía, señalando a mi compañero de celda.

Los otros prisioneros solamente meneaban la cabeza y decían, "Oh Dios Santo." Nunca supe porqué me pusieron en la celda de ese individuo, pero nunca me molestó, así que no me importó.

Había una pequeña ventana en lo alto de nuestra celda, al nivel de la calle. Miraba hacia afuera y miraba a mi madre caminando de arriba hacia abajo en la calle. Estoy seguro que pensaba que le iría a pasar a su chiquito en la cárcel. Seguramente que constantemente se preocupaba por mi ya que yo era el más joven de sus seis hijos, era su bebé. Fue horrible, un chico de 15 años, en la misma celda con un criminal.

Una tarde, estábamos caminando afuera de la celda en el patio para nuestro ejercicio de costumbre. Por casualidad escuché a los guardias diciendo que al siguiente día íban a liquidar a la gente de la cárcel. "Pensé, uh, oh, y sólo soy un joven." Rápidamente caminé hacia el frente de la puerta que estaba resguardada por un soldado alemán. El soldado me paró y preguntó, "¿A dónde vas?" Contesté, se suponía que tenía que ir a la siguiente puerta. Le dije que accidentalmente había entrado a la cárcel."

El soldado alemán me miró y vió a un chiquillo polaco quien no tenía porque estar en la cárcel. Abriéndome la puerta me ordenó "¡sal y vete!" No lo dudé. Me encaminé hacia la siguiente puerta y ya estaba fuera. ¡Quedé libre!

Al siguiente día los presos de toda la cárcel fueron sacados y asesinados. Alguién allá arriba me estaba cuidando para que yo sobreviviera y contara la historia.

10

Nunca Estaba Quieto Por Mucho Tiempo

Ostrowiec, Polonia, Marzo 1940. Los alemanes continuaban llevando gente al gueto de Ostrowiec. Había demasiada gente y no había comida suficiente. Las condiciones eran muy antihigiénicas. Teníamos tremenda epidemia de tifo y tifoidea, de cabeza y estómago. El *Judenrat* se puso al frente del edificio y lo convirtió en hospital, con doctores judíos al cuidado de los pacientes. Un día, por casualidad escuché algunos de los doctores decir que si tan sólo tuvieran algunas naranjas ellos podrían salvar las vidas de los pacientes enfermos.

Ostrowiec, tenía una cervecería donde yo solía observar a los alemanes descargar naranjas que guardaban en el sótano. En la parte superior de la pared del sótano había una pequeña ventana que se abría hacia el nivel de la calle. Recordé a los doctores hablando de las naranjas y decidí ir a la cervecería y ver si podía meter la cabeza a través de la ventana en el sótano. Saqué en conclusion que sí podía meter mi cabeza por la pequeña abertura, el resto de mi cuerpo también entraría.

Vestía el abrigo con los bolsillos falsos en el fondo del forro que mi hermano me había confeccionado. Pude entrar por la abertura pequeña y llené mi abrigo de naranjas, tantas, que apenas y podía caminar. Las naranjas pronto llenaron el fondo de mi abrigo. Ahora tenía un problema— ya no cabía a través de la ventana. Nada más me quedaba por hacer, excepto abrir la puerta del sótano de la cervecería y caminar hacia afuera, y así lo hice. Me fuí a casa, dejé unas cuantas naranjas para la familia y puse el resto en una canasta para llevarlas al hospital.

Fuí al hospital y le dije a uno de los doctores, "Tengo naranjas para que las usen."
El doctor me miró sorprendido cuando le dí las naranjas y me preguntó, "¿En dónde las conseguiste?"

Le contesté, "¡Qué importa como las conseguí! Las tengo en la canasta y ustedes las necesitan." El doctor preguntó cuanto quería por las naranjas. Le dije, "Ni un centavo. Son para ayudar a los enfermos." No sabía en ese entonces, que la necesidad de comer naranjas, era por la cantidad de vitamina C que contienen.

En el gueto nunca estaba quieto por largo tiempo. Siempre estaba yendo a las granjas y a las fábricas, buscando la oportunidad de ofrecerme de voluntario para que pudiera seguir organizando comida para mi familia. Podía ir a lugares y salirme con muchas cosas por mi apariencia. Nunca nadie hubiera sabido que yo era judío, a menos que alguien me "Señalara con el dedo."

Fuera del gueto donde yo iba para llevar carne a los camiones de los soldados, había un matadero de animales. La carne estaba cortada en cuartos (cuatro pedazos) y los soldados felizmente me dejaban que la llevara para que ellos no se ensuciaran sus ropas. Creo que la carne se enviaba a los soldados que estaban en las líneas de combate. Esos cuartos de carne eran muy pesados. En el invierno, la carne se congelaba, y fácilmente se le podia arrancar la grasa.

Cuando los soldados no estaban mirando, arrancaba la grasa y la aventaba por arriba de la cerca para mi hermano Reuven, quien estaba esperando al otro lado. Reuven juntaba la grasa y la llevaba a mi madre, que la usaba para cocinar y para hacer jabón. Recuerdo que ella nos cocinaba *greeven* {guizado de pollo o pato} *para* comer—¡estaba tan bueno!

Al otro lado de la ciudad, había un carnicero alemán que tenía un ahumadero [smokehouse] donde hacían rebanadas de salami y en barra. Iba por ahí y le ayudaba a moler la carne, mezclaba las especies, y rellenaba los intestinos [las tripas]. Amarrábamos los intestinos en forma de cadena [eslabonados] y los llevábamos al sótano para ahumarlos. El carnicero también ahumaba jamón, pero yo estaba más interesado en los salamis para que mi familia tuviera algo que comer.

Cuando nadie estaba mirando, ponía los rollos de salami hacía arriba en las piernas de mi pantalón super-grande que mi hermano había hecho para mí. Esos rollos de salami alrededor de mis piernas me hacían caminar de forma chistosa. Por lo general los nazis nunca lo notaban, pero un día uno de ellos me preguntó, "¿Qué te pasó?" Le dije que estaba cansado y me fuí a casa.

La vida en el gueto de Ostrowiec era muy difícil, y todo mundo hacía lo que podía para ganar un poco de dinero. Había una fábrica de refrescos en el gueto que pertenecía a una persona no-judía, el Sr. Green, a quien conocía desde Konin ya que había trabajado para él.

Mi padre, mis hermanos y yo, encontramos un eje de dos ruedas de un vagón viejo. Usando madera que había sido desechada alrededor el gueto, hicimos una caja y la amarramos al eje. Le sujetamos dos palos largos de dos por cuatro a lo largo de la caja y colocamos otra tabla atravezada de dos por cuatro para que yo pudiera empujar la carretilla con mi estómago. Después la cargamos con muchas botellas de refrescos y un bloque grande de hielo. Cuando vendía los refrescos también les daba el hielo. La carretilla vacía era pesada pero era mucho más pesada cuando estaba llena, tanto que la tenía que empujar con mi estómago, por eso mi papá y hermano me tenían que ayudar para subir por la pequeña colina.

Obtenía buen dinero vendiendo esos refrescos en las tiendas polacas y a los granjeros fuera del gueto. En los ranchos intercambiaba refrescos por huevos, mantequilla y otros alimentos. Con el dinero que ganaba por la venta de los refrescos compraba pan y harina para mi familia. Algunas veces la gente me daba un pedazo de pan con margarina o salami; los que llevaba a casa para compartir con mi familia. Escondía estos productos debajo de las botellas y la paja, por si alguien me parara, sólo encontraría las botellas y nada más.

Recuerdo que en ese verano veía soldados en el campo afuera del gueto, deteniéndose para descansar antes de continuar al frente Ruso. Decidí venderles refrescos a los soldados. Había un oficial encargado de los soldados en camino al frente, cuando le pregunté si podía vender los refrescos a los soldados, le dije, "Para usted la soda es gratis." Entonces le daba una soda fría. Pensé que siempre sería buen negocio dar una soda gratis al oficial.

Un día estaba vendiendo tantas sodas y me estaba yendo tan bien que me enfadaba tener que irme. Ya había vendido todo, así que mi hermano y mi padre llenaron de nuevo la carretilla con más sodas para que las vendiera. Mi padre con su pelo rubio tampoco parecía judío. Mi hermano Szlama era de pelo castaño, así que cuando me llevaron las sodas, mi hermano se quedó a un lado del gueto.

Nunca pude entender por qué un alemán nunca podía distinguir entre una persona judía y otra no judía. Siempre eran los polacos los que podían identificar a los judíos. La única forma en que los polacos podían identificar a un judío era por las expresiones en yiddish que ellos usaban, ya que yiddish era la primera lengua que hablaban en el hogar.

Este día en particular, una madre polaca y su hijo también estaban vendiendo sodas a los soldados. Cuando la mujer vió a mi padre y hermano trayéndome más sodas, ella empezó a gritar, "Judíos, judíos," de repente, ví a un grupo de soldados alrededor de mi padre y hermano. Pensé uh-oh, ahora ya están en un problema". Fuí a donde toda la gente estaba reunida y dije, "¿Qué está pasando aquí?"

El oficial alemán al que le había dado la soda de gratis, me dijo, "Ésta mujer está diciendo que esa gente es judía."

Sabiendo que tenía que decir algo para salvar a mi hermano y mi padre, rápidamente dije, "¿De que está hablando, qué son judíos?" Le dije al oficial, "Ella esta diciendo que esos hombres son judíos porque tiene miedo que ellos digan que ¡*ella* es judía!"

El oficial alemán me miró y dijo, "¿Estas seguro?" Le dije, "Sí"

Finalmente dijo, "Esta bien llevénlos a lo cuarteles del Escuadrón Alemán [SS}

Los alemanes llevaron a la señora y su hijo al otro lado de la calle al centro de operaciones de la Gestapo. Me voltié hacia mi hermano y mi padre y les dije: "¡Vamos, váyanse! dejen todo y vayánse!" Ellos se fueron rápidamente, dejando la carretilla con las sodas extras que habían llevado. ¡Yo también me fuí! ni me molesté en llevarme las botellas vacías porque sabía que no tenía mucho tiempo para escapar. Sabía que nada le pasaría a la mujer y su hijo, porque con sus documentos de identificación podrían probar que eran polacos.

Al siguiente día regresé al campo para recoger las botellas que había dejado. Había entregado un depósito por ellas y no lo quería perder. Ví a la misma mujer y su hijo. Ella, también, había regresado a recoger sus botellas que habían dejado cuando los llevaron al centro de operaciones de la gestapo, la mayoría de ellas todavía estaban llenas.

La mire y le pregunté, "¿Cómo les fue?"

Ella todavía no sabía que yo era judío. Me miró y me preguntó, "¿por qué dijiste que eramos judíos?"

Le dije mirándola directo a los ojos, "Debes de estar avergonzada de tí misma. Lo único que podia hacer para salvar a esos judíos era *decir* que ustedes eran judíos. Sabía que la Gestapo no les íba a hacer nada a ustedes. Ustedes podían probar que no eran judíos, ¿verdad? ¿Quedaron libres en una hora, no es así?

"Sí" dijo ella.

Continué y dije, "Mejor averguéncese de sí misma. ¿Que se hubiera ganado si hubieran matado a esta gente?"

Ya no me contestó nada. Depués de ese evento, ya no volví a vender sodas.

Las cosas se ponían peor cada día en el gueto. Recuerdo a un hombre de la Gestapo que tenía entrenado a un perro pastor alemán blanco. El caminaba por la acera de arriba para abajo con el perro en una correa. De repente el guardia de la Gestapo gritaba, *"Judío"* y el perro brincaba sobre el judío y lo hacía pedazos, hasta que este hombre de la Gestapo le ordenaba al perro que parara. Las personas sangraban a muerte. Muchas veces, el perro brincaba hacia la garganta de la persona. La Gestapo entrenaba a los perros para matar judíos.

Cuando mi hermana Ryfka se enteró que los nazis tenían el gueto rodeado, ella decidió venir a quedarse con nosotros. Ryfka era rubia, no parecía judía y hablaba buen polaco. Ella se hubiera podido quedar con nuestros vecinos cristianos, ya que ella y su hija se habían hecho buenas amigas. Le suplicamos que se fuera y se quedara con su amiga, pero ella ya no quizo regresar con los vecinos. Ella decidió quedarse con la familia

11

Mendel Tienes Que Ser Fuerte

Dejando Ostrowiec, Polonia, Otoño 1942. Mi familia vivió en el gueto por tres años. En Octubre 11, 1942, de nuevo la Gestapo vino a nuestra casa y nos dijo que teníamos que salir del lugar, porque que nos iban a reinstalar en otro lugar. Mis familiares agarraron algunas pertenencias y todos juntos salimos de la casa. Al ir caminando hacia la plaza mayor del pueblo, ví a la gente de la SS seleccionando personas. No sabía lo que los soldados de la SS estaban haciendo, pero le dije a mi hermano Reuven, "Ven vamos ahí donde los nazis están seleccionado gente."

Reuven, no quizo ir conmigo. El dijo, "No voy, me quiero quedar con mi familia." Sólo e inmóvil se quedó ahi parado, pero lo jalé del brazo y lo hice ir conmigo. "No te preocupes," le dije "Cuando sepamos a donde enviaron a nuestra familia, siempre los podremos seguir." Hasta este día no puedo decir por qué quería ir a donde los Nazis que estaban seleccionando gente. Quizá fue mi instinto, pero algo me dijo no quedarme con mi familia. Le dije a Reuven, "Vente nos unimos a la familia más tarde."

Con las manos me despedí de mis padres, no sé si me vieron las manos, porque ellos caminaban hacia la plaza mayor junto con muchas otras personas. Yo no sabía lo que a ellos les iba a pasar. Primero pensé que nos reinstalaríamos en otra ciudad y que todo estaría bien.

Reuven y yo fuimos hacia el área en donde los nazis seleccionaban gente, era una plaza pequeña. Los nazis dejaron que Reuven pasara porque era alto y cinco años mayor que yo. Me enviaron hacia atrás porque yo era delgado y no muy alto. Creo que pensaron que yo no les sería útil. Todavía no sabía por qué era la selección de gente, pero sabía que quería estar con mi hermano. Esperé hasta que los guardias se distrajeron y me colé por el otro lado, en donde encontré a Reuven en la plaza pequeña.

Llegó la noche, y nos sacaron de la placita. Cuando pasamos de regreso por la plaza mayor en donde el resto de mi familia y parientes se habían reunido, la plaza estaba completamente vacía. Todos habían desaparecido. Nos llevaron a un pequeño gueto que había sido construído ese día. Siempre me pregunté cómo podían construír una pared tan rápidamente alrededor del gueto. Nos pusieron en cuartos pequeños con literas.

Estaba en un cuarto con mi hermano. Recordando el pasado, sé que yo estaba llorando porque estaba muy triste por el resto de mi familia. Lloré toda la noche. Tenía dieciseis años y no sabía en dónde estaban. Tenía a mi hermano Reuven, pero mis otros hermanos, hermanas y mis padres no estaban. Tenía el mal presentimiento de que ya nunca más los volvería a ver. Cuando una persona pierde a un ser querido, sabe cuando murió y sabe que falleció. Presentía que ya no volvería a ver a mi padre, mi madre, mis hermanos y hermanas. Ya nunca más los volvería a ver, y que tendría que seguir con mi vida día a día. Tendría que pelear para sobrevivir. No me podía preocupar por ellos ya más, porque si empezaba a preocuparme por ellos. Yo también me iría.

Esa era la última vez que lloraría. Finalmente me serené y me dije: "Mendel, tienes que ser fuerte." Sabía que ahora estaba completamente solo, pero nunca perdí mis esperanzas, ni mis creencias. Siempre me mantuve positivo y pensaba que iba a sobrevivir.

Durante ese tiempo, pude obtener una identificación falsa, ahora mi nombre era Marjan Jakubowski.

Habíamos estado en el pequeño gueto por unas dos semanas aproximadamente, cuando Reuven decidió que ya no quería estar más ahí. Quería unirse al Grupo Judío de Oposición Clandestino. "Reuven," le dije, "no vayas ahí—no es nada bueno, no es lo que debes de hacer, no es correcto." Una vez más presentí que algo saldría mal.

Reuven no me escuchó. "Es mejor que vaya con ellos a pelear y morir que estar aquí sentado y no hacer nada," dijo.

Habíamos escuchado que había algunos partisanos judíos y otros no judíos que se escondían en el bosque situado fuera del gueto peleando contra los nazis. Teníamos estas noticias porque algunas veces los partisanos venían al gueto a solicitar dinero para ayudarles a seguir en la lucha. Finalmente Reuven decidió unirse a los partisanos del Grupo Judío de Oposición Clandestino; insistía en que yo también fuera con el. Le dije, "No, adelante si tu quieres, si todo sale bien iré a verte, entonces me uniré también." Ese día que Reuven dejó el gueto, fue la última vez que lo ví.

Más tarde me enteré que mientras Reuven estaba con los partisanos, él y su grupo se estaban escondiendo, dos polacos del Grupo Polaco de Oposicion Clandestino, los A.K., fueron al lugar donde el grupo mi hermano se escondía. Estos hombres dijeron al grupo de mi hermano que necesitaban enviarlos a una misión, pero primero, todas sus armas tenían que ser revisadas detenidamente. Los dos hombres recogieron granadas de mano, todas las pistolas y las ametralladoras, y despúes empezaron a disparar contra el grupo de mi hermano. Mi hermano fue asesinado en Febrero de 1943. Tres personas de este grupo a quienes habian dado por muertos, sobrevivieron!

Eventualmente estos tres sobrevivientes regresaron a Ostrowiec y contaron lo sucedido a mi primo, Avram Soika, quien era el contacto para los del Grupo Judío de Oposición Clandestino.

En el gueto, lo que siempre pasaba por mi mente era, "¿Dónde habrán ido mis padres? ¿Dónde habrán ido mis hermanos y mis hermanas? En este tiempo no sabía a donde habían ido. Más tarde me enteré que habían sido enviados a Treblinka, el lugar sin regreso. El día después de que los juntaron en la plaza mayor, todos ellos marcharon hacia la estación de tren, y esta fue la última vez que Avram los vió.

Mi primo Avram trabajaba afuera del gueto, ya que trabajaba para un nazi de alto rango llamado Jäger, que estaba encargado de una fábrica de destilería que hacía *spiritus* [bebidas de alcohol de papa hechas al 100 por ciento]. Avram vivía en un cuarto dentro de la fábrica, su trabajo era cuidar los caballos, vacas y cerdos de Jäger. Un día me asignaron a trabajar en la fábrica de bebidas alcohólicas para descargar los furgones de papas y vi a mi primo. Avram me dijo que una vez cuando miró a través de la ventana de su habitación, vió muchos furgones en la estación de tren, y también vió mucha gente del gueto siendo embarcada en los furgones. Entre ellos vió cuando embarcaban a su esposa e hijo, mi familia, y muchos otros parientes. Las puertas de los trenes se cerraron y el tren salió de la estación. ¡Destino desconocido! Me dijo que Jäger el oficial nazi de alto rango, le comentó que el transporte que mi primo Avram había visto fue enviado directamente a Treblinka, el campo donde la gente era asesinada. Al escuchar esto, estallé en un fuerte llanto, ya que sabía que nunca más vería a mi familia. Mi familia fue asesinada en Treblinka. Despué de la guerra me enteré que Treblinka era un campo de exterminación. La gente era enviada directamente a las cámaras de gases y los crematorios. En un período de trece meses, más de 800,000 personas inocentes fueron asesinadas por los nazis en el campo de exterminación de Treblinka, solamente porque eran judíos. En ese momento supe que tenía que pelear para sobrevivir—en mi estaba que yo sobreviviera. Eso era todo lo que pasaba por mi cabeza, "Sobrevivencia." Nunca di por vencidas mis esperanzas, creencias y pensamientos positivos. Esas tres cosas me mantuvieron en marcha.

El primo Avram más tarde escapó y pasó el resto de la guerra escondido y protegido por una mujer polaca.

Los sobrevientes del grupo partisano al que mi hermano pertenecía, confirmaron a mi primo Avram que los responsables del asesinato de mi hermano y otros miembros de su grupo, eran parte del Grupo Polaco Clandestino, Armja *Krajowa*, o A. K. [pronunciado ah-kah]. Este grupo en particular era muy antisemítico y decían que Polonia sería liberada solamente por polacos. El grupo de mi hermano estaba formado por combatientes de resistencia judíos. Cuando finalmente hablé con los tres sobrevivientes, me contaron que habían visto cuando Reuven fue asesinado a balazos. Me dijeron que hubieran deseado tener con ellos unos de sus poemas para darme. Esto fué poco consuelo, porque ahora realmente estaba solo. Tenía solamente dieciséis años y estaba completamente solo. Quizá el dolor de la pérdida de Reuven hubiera sido más fácil si a Reuven lo hubieran matado combatiendo a los nazis, pero había sido asesinado por otro grupo partisano solamente porque era judío y esto me era muy difícil de entender.

12

¿Por Qué Tengo Qué Ser Parte de Esto?

Limpiándo el Gueto de Ostrowiec – Finales de 1942 – Principios 1943.
Los polacos que vivían en el gueto tenían sus propios trabajos. A todos
los judíos que vivían en el gueto se les asignaba alguna clase de trabajo.
Mucha gente fue asignada a trabajar en la fundidora de metal Hermann
Goeringwerke, en donde también hacían láminas de acero y construían
vagones y furgones para trenes. Recuerdo haber visto las pilas de objetos
de todo tipo, esperando ser llevados a la hoguera al aire libre que usaban
para derretir el metal. Algunas personas fueron asignadas para examinar
los utensilios de cocina porque algunas de las ollas y sartenes tenían
fondos falsos donde la gente escondía sus valores. Nosostros los que no
trabajábamos en la fábrica fuimos asignados a la tarea de recoger las
pertenencias que los judíos dejaron en el gueto más grande.
Fuí seleccionado para ayudar con la limpieza del gueto más grande. Me
asignaron para trabajar para un oficial de la SS, el sargento Holtzer. Mi
primera asignación fue ir de casa en casa golpeando las paredes con mi
martillo. Sí las paredes estaban huecas, tenía que arrancar los
revestimientos de las paredes y la madera laminada, porque quería decir
que las familias judías que vivieron ahí debieron de haber escondido
abrigos de pieles, plata, joyería u otros valores detrás de las paredes. Sí no
estaban huecas, no me molestaba en arrancar los revestimientos de las
peredes.
Acostumbraba a rezar rogando a Dios que los muebles dentro de las casas
no fueran muy pesados. En esos días los muebles eran fabricados de
madera sólida y se pasaban de generación en generación. Las cabeceras
de las camas eran muy pesadas. Tenía que acarrear esos muebles uno por
uno sobre mi espalda sin ayuda ninguna. Mientras sacaba el mueble, no
se me permitía mostrar ningún signo de debilidad en mi rostro. El
sargento Holtzer me observaba todo el tiempo para ver si yo mostraba
señales de debilidad. Si él notaba algo así, sería excusa para fusilarme. El
hubiera podido acusarme de que yo era débil y que no hacía mi trabajo
apropiadamente.
Una vez sacadas las pertenencias, las cargaban en un camión, las llevaban
a una bodega y más tarde eran enviadas a Alemania. En forma metódica
íbamos de casa en casa. Algunas veces encontrábamos una persona
escondida en una habitación y de inmediato era llevada hacia afuera y
fusilada. Otras veces encontrábamos niños pequeños incluso bebés cuyas

madres los habían dejado ahí, con la esperanza de que una familia polaca los encontraran y los educaran como suyos.

Recuerdo un día que al entrar a una casa ví una muñeca linda en el suelo. Parecía como sí se hubiera caído porque la madre no pudo sujetar a la criatura y a su muñeca al mismo tiempo. El sargento Holtzer entró a la habitación, la vio, y dijo, "¿No es una muñeca hermosa?"

"Sí señor," contesté.

Todavía puedo ver la muñeca hermosa en el suelo. No era una muñeca comprada en una tienda; los judíos no tenían permitido salir del gueto a comprar cosas. Esta muñeca fue hecha a mano por la madre para su niña.

Mi madre hacía muñecas usando deshechos de tela para el cuerpo de la muñeca y una sábana bordada o una funda de almohada para confeccionar un hermoso vestido blanco. La madre dibujó una cara feliz en la muñeca para cuándo la niña mirara a la muñeca, estuviera viendo un cara feliz. Cuando la criatura veía a su padre y madre, siempre estaba viendo rostros tristes.

El sargento Holtzer miró a la muñeca y me dijo, "Más te vale que tengas cuidado con esta muñeca. Me la voy a llevar a casa para mis hijos. Cuando pongas la muñeca en el camión, colócala con cuidado. Después cuando descargues las pertenencias y las pongas en la bodega, ten la seguridad de mantener la muñeca alejada de las ollas, sartenes y la ropa."

Seguí las instrucciones del sargento Holtzer, ¿qué opciones tenía? Mis amigos también estaban acarreando muñecas que algunos padres habían olvidado y cuidadosamente las poníamos en un lugar apropiado en la bodega.

Unos días después, entramos a una habitación, y el sargento Holtlzer dijo que no quería entrar porqué ¡ahi apestaba! ¡Entré a la habitación y vaya que sí olía mal! Escuché a un niño llorando sin consuelo—los padres lo habían dejado atrás, con la esperanza de que alguien lo salvara. Al entrar en la habitación mi cuerpo entero temblaba. Me pregunté a mí mismo, "¿Por qué yo, un adolescente? ¿Por qué tengo que ser parte de esto?

Caminé hacia la cuna y levante al bebé que gritaba. Hoy en día cuando pienso en este bebé siempre extiendo los brazos. Todavía puedo sentir su calor. Al estar abrazándo al bebé se acurrucaba más cerca de mi cuerpo. Debió de haber pensado que era su madre. Cuando salí hacia afuera, coloqué al bebé en el pavimento, pero el sargento Holtzer me detuvo. Señalando, dijo, "Llévalo allá a ese edificio alto." Mis amigos también estaban llevando niños pequeños al piso más alto de el edificio.

Cuando salí del edificio era el adolescente más feliz. Creí que esos niños serían enviados a Alemania. Una vez en Alemania pensé que serían adoptados y educados como alemanes, sin haber sabido nunca quienes fueron sus padres. Estaba muy contento y seguí mi trabajo limpiando los cuartos con una gran sonrisa en mi rostro, pensando acerca de su futuro brillante.

Un par de horas más tarde, miré hacia el edificio alto y ví un oficial de la SS que abrió una ventana del último piso. Un grupo de cinco o seis hombres de la SS estaban parados abajo en la calle. El hombre de la SS parado en la ventana de arriba gritó a los hombres de la SS que esperaban abajo, "¿Están listos?" Ellos posicionaron sus rifles apuntando hacia la ventana.

Dije a mí mismo, esas muñecas que tan cuidadosamente amontonamos en la bodega, no las van a llevar a casa a para que sus hijos jueguen con ellas.

Todavía lo puedo ver hoy en día.

Al mirar más detenidamente, me dí cuenta que el oficial de la SS no estaba sosteniendo una muñeca en la ventana. Estaba aventando por la ventana a uno de los niños pequeños que habíamos llevado al último piso del edificio. Continuó arrojando niños hacia abajo, uno después de otro, mientras el hombre de la SS disparaba tiros al azar hacia ellos. Todavía puedo ver y oír a esos hombres de la SS reír a carcajadas y discutir quien tenía la mejor puntería. Para ellos ésto fue una gran diversión.

Las escenas que presencié fueron horribles, pero una vez más, tenía que seguir con mi trabajo. Cuando nos aproximamos a la siguiente casa, había un niño pequeño que se había quedado afuera, envuelto en muchas cobijitas. Pensé que la familia polaca escondía a un niño judío y tenía miedo de que la descubrieran. Con la esperanza de que pudiera convencer al sargento Holtzer de no hacerle daño al niño, lo miré y le dije, "Los polacos siempre dejan niños pequeños afuera arropados con muchas cobijas para que se acostumbren al clima frío."

Al ver que el sargento miró al niño, le dije: "¿Sargento Holtzer, no lo va a hacer, verdad?"

Me dijo, si dices una palabra más, te haré lo mismo.

Palabra de honor, que no me importó. Dije, "Sargento todos los días usted viene al trabajo, saca la fotografía de sus siete hijos y su esposa en casa. Usted siempre dice, "¿No son hermosos? ¿No sería bonito ir a casa, jugar con ellos, llevarlos al cine y hacer el amor con mi esposa?"

Seguí hablando. Puse mi vida en mis propias manos. El sacó un sandwich de su bolsillo, dio una mordida y puso el resto en su bolsillo. Sacó su pistola y le dio seis tiros al pequeño. Todavía puedo oír al niño gritando. Puedo ver al niño mirando al sargento Holtzer con ojos brillantes como si dijera, ¿"No me pudiste matar, pudiste"? El sargento miró al niño con desprecio y enojado porque no lo pudo matar. Entonces agarró sus pequeños pies con una mano y golpeó su cabeza contra la pared y lo silenció.

Durante el día los integrantes de la SS y la Gestapo eran iguales. De día asesinaban a niños de todas las edades, madres y padres. En la noche, iban a su casa con sus manos llenas de sangre, jugaban con sus propios niños y hacían el amor a sus esposas. Eso es lo que un humano puede hacer a otrosi nos quedamos callados y somos condescendientes. ¡Debemos de recordar y nunca olvidar!

13

Pude Haber Recibido un Tiro

Limpiando el Gueto de Ostrowiec, Principios de la Primavera 1943. Un día mientras trabajaba para el sargento Holtzer haciendo limpieza en el gueto, entré a una habitación y escuché algo moviéndose alrededor en el piso de arriba. Tomé un montón de utensilios que habían sido dejados ahí y los aventé alrededor, esperando que el sargento no escuchara ese ruido. Pero sí lo escuchó, "Sube al segundo piso para a ver que está pasando," dijo.

Subí al segundo piso y regresé a la planta baja y dije, "Sargento Holtzer, hay un montón de ratas que están corriendo por todos lados allá arriba."

Entonces dijo, "¿Por qué no vas al segundo piso y las cuentas.?" Subí y bajé y le dije, "Sargento Holtzer, no las pude contar porque estaban corriendo en diferentes direcciones."

"Vamos arriba," ordenó.

Dije una mentira, ¿no es así? Pensé que me saldría con eso, pero pude haber recibido un tiro. Cuando llegamos arriba, me dijo, "Arranca el piso." Como las tablas del piso estaban flojas, fácilmente las levanté.

Había un hombre muy mayor escondido bajo el entarimado del piso, entre el piso y el techo del nivel del suelo. Lo tuve que jalar hacia afuera. Estaba tan débil, que apenas y podía caminar. Solo Dios sabía cuantos días tenía sin comida y agua. Puse mi brazo alrededor de su cuerpo. El sostenía frente a su cara un libro y lo estaba leyendo. El hombre era alto, yo era más pequeño de altura. No sabía lo que leía. Le hablé en todos las idiomas que yo sabía, pero no me contestó. Cuando bajamos las escaleras, finalmente pude ver su libro, y me dí cuenta que estaba rezando el Salmo 23, uno de los salmos tradicionales que se rezan en los funerales judíos." El Señor es mi Pastor, nada me falta. En prados de yerba fresca, me hace reposar," y demás....

Mientras caminábamos hacia el que había sido un gueto grande, le dije, "Sargento Holtzer, permítame llevarlo al área del pequeño gueto. Este hombre no tiene comida ni agua. De todas formas se va a morir." El sargento no respondió. Sorpresivamente el anciano, dejó de caminar. Me dije, "Creo que esta cansado y ya no puede caminar."

De repente, mi cara se empezó a mojar. Cuando me limpié la cara no era sudor, era su sangre. El sargento Holtzer le había disparado con el silenciador. Me safé del hombre y cayó al pavimento. Despué que lo dejé caer el sargento se paró frente a mi cara, quería saber que clase de expresion facial tenía yo, pero no le di la satisfacción. Cualquier persona capturada escondiéndose en el sótano, entre los pisos, el techo o en un ático la sacaban y le disparaban en frente de la casa. También yo pude haber recibido un tiro.

Hoy en día todavía puedo ver al sargento Holtzer. Era un hombre de tamaño mediano con una cara larga y poco pelo; quizá era rubio. Debió haber pesado unas 170 libras. Un día me arriesgué. No sé por qué, quizá yo era inocente y me arriesgué. Realmente quería saber que lo hizo tan cruel. Le pregunté Sargento Holtzer, ¿Cómo puede usted matar niños pequeños sin piedad cuando usted tiene niños pequeños y tiene una esposa? Usted me ha mostrado sus fotografías.

Me miró y dijo, "¿Ves esa mosca en la pared? Es más fácil para mí matar a un niño judío que una mosca en la pared."

Me dijo que cuando mató al primer niño, regresó a su casa y no pudo dormir en toda la noche. Cuando mató al segundo niño, no pudo dormir la mitad de la noche. Después de eso, el tercer niño y todo lo que después siguiera era solamente rutina. Lo miré y seguí con mi trabajo. Teníamos otros hombres de la SS que también asesinaban niños, pero el sargento Holtzer era muy malo.

Había una calle pequeña en Ostrowiec cerca de la iglesia. Al caminar por esa área, vi a una mujer con un hombre de la SS. "¡No soy judía!!" ella dijo. Su nombre era Jetka Joab. Yo la conocía. Era buena amiga de la familia y venían de Konin, nuestra misma ciudad. Inclusive ella había nacido en Konin. Ella discutía en polaco que no era judía. Ella dijo, "Como puede ver en mis papeles, no soy judía, soy polaca." El hombre de la SS dijo, "Sí, eres judía." Sacó su pistola y le tiró a la cabeza.

Mientras yo atravezaba caminando la plaza mayor haciendo mi trabajo, una mujer muy mayor fue corriendo hacia el sargento Holtzer, gritando en polaco. Era una mujer pequeña y delgada con un viejo y sucio vestido. Ella gritó en polaco que sabía de gente judía que se estaba escondiendo. Puedo recordarlo como si fuera hoy. Al principio el sargento Holtzer, que no hablaba polaco, me preguntó, "¿Qué es lo que ella dice?" "Señor no le entiendo. Ella esta hablando entre dientes."

Ella no paró ahí, de nuevo diciendo lo mismo. Finalmente, gritó las palabras, "Jude, jude, hutch, hutch, jude, jude." [judíos, judíos, venga venga, judíos, judíos]. El sargento fue con ella, mientras yo esperaba. El regresó con una familia: esposo, esposa, un niño de nueve o diez años. Mi corazón empezó a brincar. Me dije a mí mismo, oh Dios, conozco a esa familia, son de Konin, mi ciudad. Yo iba con su hijo Lutek a *cheder* y a la escuela pública. Su apellido era Burzynski. Lutek ese día estaba trabajando en el molino de acero.

El sargento Holtzer se aproximó hacia mi junto con la familia y me preguntó sí los conocía. "Nunca los he visto en mi vida." dije. Los miré y sabía lo que iba a pasar. El sargento me preguntó, "¿Son judíos?"

"Estoy seguro que no son," le contesté.

Sin ninguna duda o remordimiento, sacó su pistola y le tiró a la esposa. Esperó a ver las expresiones del pequeño y el esposo. Entonces le tiró al pequeño, y después al padre.

Estoy seguro que a la mujer se le premió con diez kilos [veintidos libras] de azúcar y una botella de vodka por mostrar donde había judíos escondidos. Fue una escena horrible, ver como a la familia de mi amigo de toda la vida fue asesinada. Nunca le dije a Lutek lo que le pasó a su familia si no hasta después que fuimos liberados.

14

Pude Haber Hecho Muy Rico a Alguien

Organizando en el pequeño gueto de Ostrowiec, 1943. Aún estando en el gueto eramos emprendedores. No solamente en el Grupo Clandestino, si no que también afuera del gueto trabajábamos por iniciativa propia, eramos empresarios. Habiendo sido un buen organizador, una vez que mi trabajo con el sargento Holtzer terminó, pronto me ví involucrado en el trabajo del Grupo Clandestino.

En Konin compartía una habitación con un hombre originario de Konin llamado Czerwonka. Era un hombre muy enfermo con espinillas llenas de pus por toda su cara. Temía fuera a morirse. Después que Reuven se fue para el Grupo Clandestino afuera del gueto, enviaron a otro hombre a mi habitación, y estoy seguro que no era judío. Su dominio del polaco era tan perfecto que no tenía porque quedarse en el gueto. El pudo haber vivido donde quisiera y nadie lo hubiera señalado con el dedo para indicar que era judío. No le confiaba para nada, porque hablaba buen polaco y buen yiddish. Este hombre empezó a hacerme varias preguntas. Tenía interés en saber "En dónde pudiera comprar armas y también deseaba conocer sobre otras actividades del Grupo Clandestino." A este punto, realmente se me hacía sospechoso y nunca contesté a sus preguntas. Pensé que era un espía en la misma habitación para saber que es lo que sucedía en el gueto.

Un día, el comandante del Grupo Clandestino vino a mí y dijo, "Mendel necesitamos armas. Las tropas alemanas vienen hacia nosotros, y no tenemos armas para defendernos." Y sucedió que un día yo estaba fuera del gueto y me hice amigo de un sargento alemán. Este sargento odiaba a Hitler y decía, "Ganaríamos la guerra si Hitler no estuviera tan ocupado peleando a los judíos." Porque el odiaba a Hitler y a la SS, entonces decidí arriesgarme y le pregunté si tenía armas que quisiera vender.

Comenté, "Si yo pudiera comprar algunas armas, pudiera hacer a alguien muy rico."
Me miró de tal forma que debió de haber pensado que yo estaba loco y me preguntó, "¿Estás bromeando?" No, no estoy bromeando, ¿cuánto quiere por cada arma?

"Mil docientos marcos," contestó.
Me encontré con el comandante del Grupo Clandestino y le dije cuanto le costaría tener armas. Me miró con incredulidad. "No tenemos esa cantidad de dinero," dijo. "Sin embargo, hay alguna gente muy rica que trajo mucho dinero con ellos al gueto. Todavía lo tienen, y

necesitamos las armas, necesitamos conseguir el dinero." El consiguió el dinero e hice arreglos para encontrarme con el sargento afuera del gueto pequeño. Yo pasaría a través de una barda de madera al otro lado y cruzaría la calle para nuestro encuentro.

No me procupaba que me capturaran, porque tenía papeles de identificación polacos. Dentro del gueto vivía un hombre jóven, quizá de unos 19 años, era un buen falsificador. El podía imitar la firma del mayor tan bien, que el mayor nunca hubiera sabido que esa no era su propia escritura. Me sentía muy protegido con mi pelo rubio y mi identificación polaca.

Le pagaba al sargento alemán 1,200 marcos por cada arma de fuego. Introducía las armas al gueto y se las daba a Avraham, el líder del Gupo Clandestino. Un día Avraham, vino hacia mí y dijo. "Mendel, probamos una de las armas que trajiste al bosque y la disparamos, pero no trabajó. Cuando empezamos a cargar el gatillo, no funcionó."

"¿Tienes el arma?" le pregunté.

"Sí," dijo.

"Bien entonces, dámela, y consigo otra."

Tomé el arma, la puse dentro de la pretina de mi pantalón y la cubrí con mi chamarra. Salí en camino al cuartel de los soldados [*Kaserin*], porque no había visto al sargento desde hacía tiempo y sabía que allí era donde se quedaba con otros soldados. Caminé hacia la caseta de seguridad en la entrada principal. Al acercarme, el soldado que hacía guarda me miró y dijo

"¿Oye a dónde vas?" Estaba vestido como un humilde chiquillo polaco.

Lo miré a los ojos y dije, "Allá, voy a trabajar en la cocina y la señalé."

El guardia me dejó pasar porque sabía que los soldados adentro no querían limpiar y estarían muy felices de tener a alguien más haciendo el trabajo sucio. Entré derecho a la cocina, tomé una escoba, y empecé a barrer el piso de la cocina.

Pronto el sargento llegó del lunch. Cuando lo ví dije, "Quiero verte."

El me dijo, "Vamos a la letrina." Una vez adentro de la letrina el sargento preguntó, "¿Qué haces aquí? ¿Por qué quieres hablar conmigo?

"Me vendiste una arma que no funciona, aquí la tienes, está descompuesta. Quiero una arma nueva para reemplazar el arma descompuesta."

A este punto, yo estaba en tremendo peligro. Todo lo que tenía que hacer era dar una señal. "Te podría reportar," dijo.

"Sí señor." y dije, "Pero a usted también lo matarán, porque yo tengo los datos bien documentados." Señale mi bolsillo y agregué, "Tengo todos los números de serie en mi bolsillo de todas las armas que me ha vendido. Ahora quiero una arma nueva para reemplazar la que no funciona. Pagué mucho dinero por ella, y el dinero no se encuentra fácilmente."

El sargento miró a su alrededor por un minuto, porque lo que yo había dicho era algo por lo que a él también lo podrían matar, era verdad, si alguien se llegaba a enterar acerca de la venta de las armas de fuego, así sería. Finalmente, dijo, "Esta bien. Espera aquí, voy arriba a mi habitación para traer otra arma."

Tan pronto se encaminó hacia la puerta, me paré frente a él. "Oh no, usted no va ir sólo a traer el arma. Vamos a ir juntos."

Aunque me vendió armas para el Grupo Clandestino, nunca tuve confianza en este sargento. Me pudo haber reportado en un abrir y cerrar de ojos. Como caminamos juntos a su habitación, nadie me molestó para nada. Todos los soldados lo saludaban y de seguro asumieron que yo estaba desempeñando algún trabajo para el sargento. Ya en su habitación, tomó una caja y me dio otra arma de fuego. "Muy bien, bien ya te puedes ir," me dijo, gesticulando con las manos para que me fuera.

De nuevo, todo lo que tenía que hacer era reportarme, así que le dije, "No, vamos a caminar juntos. Me vas a ayudar a pasar al centinela y luego juntos caminamos una cuadra más. No quiero que nada salga mal."

El sabía que no tenía otra opción, así que caminó conmigo. Una vez que pasamos por el portón principal y ya en la esquina de la calle le dije, "¡Esta bien, ahora te puedes ir!"

Me fuí tan rápido como pude sin darle oportunidad a nadie de preguntame que hacía yo ahí o a donde iba. Tan pronto como pude, fuí a ver al líder del Grupo Clandestino y le dí el arma nueva. Le conté lo que había hecho, se me quedó mirando como si quisiera matarme. "¡Estas loco!" me gritó. "Te pudieron haber matado. Entonces ya no tendríamos nuestro contacto."

Mirándole a los ojos, le dije "Me arriesgué. Acuérdate, siempre me arriesgo y no quería que me hicieran trampa. Me arriesgué y todo salió bien." Después de ese evento, nunca más volví a ver al sargento, pero continuamos nuestro trabajo en el Grupo Clandestino tratando de conseguir más armas de fuego fuera del gueto.

Al día siguiente, antes que pudiera salir del gueto para hacer más organización, el gueto fue rodeado por los alemanes de la SS y la policía polaca. Anunciaron en altavoces que nadie podía salir del gueto. Este iba a ser nuestro último día en ese lugar. Con el gueto rodeado de esa forma, realmente no había nada que la gente de adentro pudiera hacer. Me imaginé que los hombres de la SS entrarían y nos llevarían a todos al cementerio y nos matarían a tiros.

Decidí no quedarme dentro del gueto. Iba a tomar un gran riesgo y trataría de escapar. Sabía que sí me capturaban los hombres de la SS, me matarían de un tiro en el lugar. Pensé que sí me podía escapar y unirme al grupo partisano para trabajar en el Grupo Clandestino, tendría una oportunidad. Caminé sobre la pared del gueto y tumbé dos tablas de madera para hacer un agujero lo suficientemente grande para que mi cuerpo pudiera pasar. Puse unas toallas debajo de mi brazo y me alisté para salir.

Justo entonces, vino una mujer y me preguntó si yo iba a escaparme del gueto. Le pregunté si ella iba a escapar. Ella contestó, "Si"

Contesté, "Esta bien, adelante, usted va primero."

No se movió. La miré, era como si ella estuviera pensando. Entonces, ella dijo, "No, tu vas primero."

No lo dudé ni por un instante. Con las toallas debajo de mi brazo y mis papeles de identificación falsos en mi bolsillo, salí del gueto

Yo quería que ella fuera primero, porque si los hombres de la SS estaban estacionados afuera de la pared, de seguro hubieran disparado, y entonces yo no hubiera salido. Ella también sabía que sí ella iba primero, le pudieran dar un balazo. Estoy seguro que ella estaba pensando lo mismo que yo.

15

Parecía Un Chiquillo Polaco

Escapando del pequeño gueto en Ostrowiec, 1943. Ya eran las 21:00 horas después de mi temprana huída del gueto. El toque de queda ya había pasado para los judíos en el gueto pero para los no judíos era a las 21:00 horas, después de esta hora no podían andar en la calle. Caminaba chiflando, era sólo un chiquillo con suerte y feliz. Ví a un hombre de la SS revisando la tarjeta de identidad de alguien más. Rápidamente busqué a ver si había otro camino que tomar, pero no había otro. No podía regresar al gueto sin que me capturaran. Lo único que me quedaba era seguir adelante como si nada estuviera pasando. Iba cantando una cancioncita polaca, sólo soy un chico con suerte y feliz. Pasé frente al hombre de la SS, que me miró y dijo."Guten Abend," [buenas noches] y luego regresó a interrogar al otro hombre. No me prestó atención. Después que lo dejé atrás, estaba tratando de decidir en qué dirección iría con la idea de salir de la ciudad sin ser capturado.

Frente a mí había una colina. Si caminaba hacia la colina, tendría que pasar las instalaciones de la Gestapo. Esto no hubiera sido bueno para nada. A mi izquierda había campos y huertos. Pensé que si fuera para ese lado, los perros empezarían a ladrar, causando que la gente del barrio informaran a los de la SS. La gente empezaría a gritar, y la SS pondría atención e investigaría. El guardia seguía interrogando al hombre, así que la mejor forma de seguir caminando, era a mí derecha hacia el cementerio judío, el que compartía una pared con el gueto.

Iba caminando tan rápido como podía para poder salir de la ciudad. Pensé que necesitaba ir derecho para llegar a una calle pequeña que yo conocía. Calculé que si podía llegar a esa calle, no me tendría que preocupar. Una vez que saliera dos o tres millas más lejos del gueto, había campos de maíz y trigo que podía usar para esconderme.

Seguía caminando, preocupado con lo mío, cuando escuché a alguien gritando, "¡*Stehen bleiben!* [¡Alto!] Seguí caminando después de todo, sólo soy un chico polaco y no entiendo alemán. Esa persona siguió gritando, "¡Stehen bleiben!" y continué caminando hasta que escuché "¡Stoje!" [¡Alto!] . Ahora me gritaba en polaco que me detuviera. A este punto, no había nada más que hacer de mi parte, así que paré y me quedé quieto donde estaba parado. El hombre de la SS me llamó desde el otro lado de la calle y con sus manos hizo señas para que yo fuera ahí. No tenia ya otra opción, me crucé al otro lado de la calle.

Mis ojos no lo podían creer. El hombre de la SS ¡era el sargento Holtzer! Dentro de mi cinturón del pantalón tenía una pequeña pistola "Luger Belga." Me di cuenta que solo había una opción si algo pasaba. "¡*Ausweis!*" [papeles] exigió. Quería ver mi tarjeta de identificación. Le echó un vistazo al nombre en la tarjeta de identificación, "Marjan Jakubowski," después me preguntó en donde vivía. Le dije que estaba viviendo en un apartamento cerca a la fundidora de acero.

"Es tarde---ya pasó el toque de queda—ya son más de las 21:00 horas," dijo. ¿Dónde trabajas? Me preguntó.

Rápidamente contesté, "Estoy trabajando en la fábrica de acero Hermann Georingwerke.

"¿Cuál es tu ocupación?" preguntó con aspereza.

"Soy colocador de ladrillos para construir hornos." Contesté.

El sargento todavía mirando a mi tarjeta de identificación, me preguntó, "¿Sabes que andas caminando después de la hora del toque de queda?"

"No señor no sabía," contesté.

Me miró con perspicacia. "¿Que quieres decir con qué no sabías? Contesté, "En mi reloj tengo diez minutos antes de las nueve." ¿A dónde vas? Me preguntó.

"Voy a la casa de mi tía." Le contesté. "Ella me envió un mensaje para decirme que su horno se había descompuesto y necesita reemplazar algunos ladrillos para que pueda ser arreglado."

El sargento Holtzer me miró de nuevo. Yo estaba sorprendido porque no me reconoció del tiempo cuando yo trabajaba para él. Quizá era porque mi ropa estaba rasgada y me veía como un pequeño chiquillo polaco. Lo recuerdo haciendo comentarios sobre mi cabello y me decía que se parecía "Al pelo de un líder," por la forma en que siempre me caía en la cara.

Mientras que el sargento Holtzer estaba hablando, mi mente se movía como relámpago. Sabía que mientras no me reconociera, me iría bien. Me pasé observando sus manos, tenía un puño ancho en las mangas de su abrigo y, siempre y cuando no guardara mi identificacion en el puño, todo saldría bien. Sabía perfectamente que si hacía un movimiento para poner mi tarjeta de identificación en el puño de su abrigo, me arrestaría y me daría un tiro. No hubiera tenido otra alternativa que tirarle con la pequeña pistola que tenía conmigo y echarme a correr. Miró de nuevo mis documentos de identificación. Entonces su voz en tono diferente dijo, "Mejor vete, rápido."

Una vez que me dijo que me fuera, no me quedé a hacer ninguna pregunta. Me fuí corriendo. Sé que sí alguien hubiera visto la parte de atrás de mis pies, hubiera visto chispas saliendo de mis talones, por lo rápido que iba. Finalmente llegué a un campo y paré para tomar un hondo suspiro. Cuando empecé a caminar de nuevo ví una silueta viniendo hacia mí. Me escondí detrás del trigal. A medida que la sombra se acercaba más a mi escondite, me pareció que era Urbach, quien también era de Konin.

Cuando reconcí a Urbach, salí de mi escondite en el trigal. "¿Qué haces por aquí le pregunté?"

"Voy de regreso al gueto por dinero," dijo. El no sabía que el gueto estaba rodeado y que si regresaba lo matarían de un balazo.

"Urbach," dije "No puedes regresar al gueto esta noche. Los alemanes lo tienen rodeado, y si regresas, te matarán."

"¡Pero tengo que regresar!" dijo apresuradamente. "¡Si no consigo el dinero, la gente que nos esconde nos echará a la calle!"

Cuando los nazis rodearon el gueto, algunas de las personas judías hicieron arreglos con familias polacas para que los escondieran fuera del gueto. Las personas judías tenían que pagar cierta cantidad de dinero para que los escondieran.

Entendí que necesitaba el dinero, pero también tenía que permanecer vivo. "Urbach," insistí, tu tienes un dinero escondido, pero sí caminas otras 200 yardas hacia el gueto, te matarán a tiros. No vayas al gueto.

Urbach no escuchó y empezó a caminar hacia el gueto. Me paré frente a él y dije, ¡Urbach, si tú das un paso más, yo te mato! De todas formas te van a matar, y es mejor que mueras en las manos de una persona que te conoce que ir para allá y que te maten los alemanes. Una vez más te digo. "¡No vayas!"

Nos paramos cara a cara por unos minutos mientras Urbach pensaba en esto, finalmente decidió no ir por el dinero escondido. No dijo una palabra más, sólo se dio vuelta y regresó en la dirección por donde había venido. Ví esto como una oportunidad para ir a esconderme, así que comencé a caminar con él. Después de unos minutos, Urbach se volvió a mí y dijo, "¿A dónde vas?"

"Voy contigo, Urbach," dije. "Tienes un escondite, y necesito un lugar donde quedarme."

Caminamos juntos por un buen rato y Urback comenzó a rogarme que no fuera con él. "Mira, Mendel. No tenemos mucho espacio ahí donde estamos, no vamos a tener suficiente dinero para pagar por tí y tampoco hay suficiente comida."

No iba a dejar que me hiciera a un lado. "Urbach," dije, "No tienes otra opción. Voy contigo."

Continuamos caminando juntos por un buen rato. No podemos ir juntos a la casa de la familia polaca hasta ya entrada la noche, de otra forma, los vecinos sabrían lo que está pasando. Caminamos toda la noche y Urbach continuaba rogándome que no fuera con él. No había suficiente lugar ni dinero para una persona extra y definitivamente tampoco había comida suficiente. Finalmente decidí que no había manera que yo pudiera ir con Urbach a esconderme. No me dejaría convencerlo.

"Vamos a llegar a un arreglo." dije. "¿Por qué no me das un dinero para comprar una botella de vodka para que me emborrache?" Realmente no necesitaba el dinero, pero era una manera agraciada de irme." Urbach buscó en su bolsillo, tomó un zloty, y me lo dio. Sin decir una sola palabra. Tomé el sloty y fuí hacia una pequeña tienda de abarrotes donde vendían, vodka, otras bebidas y comestibles.

Conocía a la dueña de la tienda por intercambios que había hecho cuando mis hermanos eran sastres. Yo iba alrededor del área de las tiendas y las granjas, vendiendo trajes, abrigos y pantalones que ellos confeccionaban y los cambiaba por alimentos. A menudo intercambiaba con esta señora. Afortunadamente, su esposo no estaba ahí, ya que era muy antisemita y de seguro en un minuto hubiera llamado a la Gestapo. Ella era muy buena. Me preguntó que había pasado y le dije todo acerca de mi familia. También le conté que el gueto había sido rodeado y decidí escapar.

Mientras hablábamos dentro de la tienda, pudimos escuchar los camiones de la SS, autos y motocicletas pasando de arriba hacia abajo. Cuando ellos pararon frente de la tienda, miré a la señora y le dije, "Dame una botella de vodka. Mi nombre es Marjan Jakubowski y trabajo para tí en el campo. Es todo lo que tienes que decir. Dame la botella de vodka."

Puse vodka en mi boca y pelo para que pudiera oler a vodka y mi cabeza abajo del mostrador, preténdiendo estar borracho. Escuché a los alemanes entrar a la tienda. Dijeron a ella, "Algunas personas se han escapado del gueto. ¿Ha visto usted a alguien?"

Ella negó moviendo su cabeza de un lado para el otro.

Los oficiales caminaron hacia mí; los podia sentir parados a mi lado.

"¿Quién es él?" le preguntaron.

"Marjan Jakubowski," ella respondió.

"¿Qué esta haciendo aquí?" El oficial exigió una respuesta.

Ella caminó un poco más hacia mi y dijo en forma de disgusto, "Trabaja para mí en una granja en los campos. Ahora esta bien borracho. El siempre viene aquí después que termina su trabajo, y le doy pocos centavos. Siempre se está emborrachando."

Mientras ellos hablaban, yo todavía tenía mi cabeza sobre el mostrador. Uno de los oficiales agarró mi cabeza por el cabello para verme la cara mejor. De repente, soltó mi cabeza. '¡BOOM! " Tuve que dejar caer mi cabeza porque aparentaba estar borracho. Me dolió tanto que pensé que iba a romper la superficie del mostrador con ella. Después de esto, pude escuchar a los alemanes diciendo, "Está tan borracho, que le puedes levantar la cabeza, dejarla caer, y ni cuenta se dará." Me quedé en esa posición hasta que escuché que los alemanes se alejaron.

En cuanto los alemanes se fueron, ya no estaba borracho. Estaba alerta y listo para el siguiente paso. De repente la mujer vino a mí y me dijo, "Tienes que irte ahora mismo antes de que mi esposo regrese." Sabía que ella tenía razón. Aunque quería quedarme un poco más, sabía que no era seguro para ninguno de los dos. Tomé una botella de vodka y rápidamente salí de la tienda.

16

Me Miraron Cómo Sí Fuera un Fantasma

Vida Afuera del Pequeño Gueto, 1943. Cuando salí de la tienda de
abarrotes y ropa, corrí lo más rápido que pude hacia un granero en la zona
de las granjas. Sabía de la existencia del granero por mis andanzas fuera
del gueto, vendiendo la ropa que mis hermanos habían confeccionado.
Dentro del granero había una tremenda cantidad de paja y heno para los
animales. El lugar era perfecto para mi. Escarvé un hoyo profundo y
cubrí mi cuerpo con heno para que la superficie se viera normal. Tuve la
precaución de hacerlo cerca de la pared que tenía rajaduras para que
pudiera ver hacia afuera y recibir aire fresco. A lo largo de la noche podía
escuchar a los alemanes y sus carros yendo de arriba para abajo por la
carretera principal. Hablaban en alemán en voz alta buscando gente que
había escapado del gueto. Debieron de haber encontrado el hoyo en la
pared del gueto por el que escapé.

Los alemanes pararon al granjero, que estaba parado frente de su
casa, y le preguntaron, "¿Has visto algunos judíos?" El granjero debió
haber dicho no, ya que no sabía que yo estaba en su granero.
Aparentemente no quedaron satisfechos, porque regresaron más tarde al
granero, tomaron rastrillos y aguijoneaban alrededor de la paja. Yo estaba
enterrado en lo hondo así que no me podían alcanzar. Cuando los alemanes
quedaron convencidos de que nadie se escondía en el granero, se fueron de
la granja. Me quedé dentro de la paja donde me enterré hasta la siguiente
mañana.

Caminé afuera del granero, y el granjero me miró. "¿Qué haces
aquí? me gritó.

"¿Que quieres decir, que estoy haciendo aquí?" Le pregunté.

"Los oficiales de la SS estuvieron aquí," dijo el granjero. "¿Tu
sabes que nos pudieron haber matado si te hubieran encontrado?"

"Sé que estuvieron aquí. Estaba enterrado profundamente en el
heno, para que usted no tuviera que preocuparse por nada," le dije.

El granjero me miró de nuevo y dijo, "Quiero que te vayas ahora
mismo. No te puedes quedar aquí." Me dio algo de pan y salami y seguí
mi camino.

Saliendo de esa granja a las afueras de Ostrowiec, decidí ir a la
casa del guardabosques. El vivía en un duplex a la orilla del bosque. Lo
conocía y era un buen amigo, así que le pregunté si me podía quedar y dijo
que sí podía. Su vecino que vivía en el segundo piso del duplex, también
era un guardabosques, pero no se llevaba bien con mi amigo. Los dos

guardabosques nunca hablaban entre sí. Los dos sabíamos que mi amigo estaba tomando un riesgo muy grande, al esconder a una persona judía, pero me dijo que me podía quedar, aunque sería la cuarta persona en su casa. Viví con el guardabosques por dos meses. Sus habitaciones eran pequeñas, y cada una de las áreas para dormír estaba dividida por sábanas blancas. Me acostaba cerca de la pared, comía con su familia, dormía con ellos, y me gustaba su cuñada. Inclusive estaba yendo a la iglesia católica de la villa con ellos. Estaban muy sorprendidos e impresionados porque me sabía las oraciones de memoria. Lo que ellos no sabían es que yo había asistido a una escuela católica con católicos y aprendí las oraciones. La gente en la iglesia siempre le preguntaba al guardabosques quien era yo y que hacía ahí. Dije al guardabosques que les dijera que me habían enviado de Cracovia para decirles cuales árboles había que talar para enviarlos para Alemania, y eso era lo que les decía a las personas que le preguntaban sobre mi.

De vez en cuando, los oficiales de la SS venían a la casa del guardabosques, siempre haciendo la misma pregunta: ¿Sí el guardabosques había visto algunos partisanos? El guardabosque siempre les decia que no. Un día los hombres de la SS le preguntaron al guardabosques, quien era yo. El guardabosques les dijo a los hombres de la SS la misma historia que le dijo a la gente en la iglesia. Me causaba gracia y la pasaba bien quedándome con él y su familia.

Un día, el otro guardabosques que vivía enseguida me miró y dijo: "¿Qué estas haciendo aquí?"

Me han enviado de Cracovia para inspeccionar los árboles que se van a talar para enviarse a Cracovia, y después serán enviados para Alemania.

El meneó la cabeza, "No, yo no recibí esa carta."

Se quedó un poco más tiempo, haciéndome más preguntas.

Después que se fue, el guardabosques con quien me estaba quedando se preocupó mucho. Vino a mi y me dijo, "Marjan, debes de irte. Aquí ya no es seguro para ti. Tengo un hermano que vive cerca de Opatow y es granjero. El podrá registrarte como granjero y entonces podrás partir hacia Alemania como granjero."

¡Pensé que era una tremenda idea! Si me pudiera salir de Polonia para Alemania como un granjero, nadie sabría quien era yo. Tenía papeles de identificación polacos, y todo saldría bien. No me tomó mucho tiempo alistarme para irme. Antes de partir, tomé las fotos de mi familia que había podido salvar en el gueto y las escondí en el granero del guardabosques entre la paja y el techo. Le dije al guardabosques, "Algún día regresaré. Espero que me puedas guardar estas fotografías."

Ese guardabosques era el ejemplo de las personas que llamamos "*Righteous Gentile*." [nombre dado a hombre o mujer no judía que protegía a personas judías.] Estas personas a pesar de poner en peligro sus vidas y la de sus familias escondían a personas judías. Si a ellos los atrapaban escondiendo judíos, ambas familias eran fusiladas. La hermana del guardabosques que tenía mi edad y vivía con la familia, caminó conmigo a la orilla del bosque, llorando y abrazándome y diciéndome adiós.

Después que salí de la casa del guardabosques, caminé en dirección a los criaderos de pescados. Podía ver a un grupo de gente caminando hacia mí. A medida que se acercaban a mí, decidí salirme del camino. Podía ver que tenían un hombre que los vigilaba y yo no sabía si era un hombre de la SS o la Gestapo. La gente en el grupo me parecía conocida. Al pasarme el grupo en el camino, una vez más me giré para verlos. De repente, reconocí a un hombre para el que yo trabajé. El era un ingeniero polaco y los de la SS lo estaban usando para construir criaderos de pescados fuera de Ostrowiec. Con el había un montón de hombres y niños judíos pasando frente a mí, yendo a trabajar. No lo podia creer—todavía había gente judía en Ostrowiec. ¡No los habían matado a todos como yo pensaba!

Cuando la SS liquidó el pequeño gueto la noche que escapé, toda la gente en el gueto fue ubicada en un campo afuera de la fundidora de acero, rodeado con alambres de púas. Algunas de las personas trabajaban en la fábrica de acero, otras en la fábrica de ladrillos y otros estaban terminando la construcción de los criaderos de pescado. Mi hermano Szlama trabajó en la construcción de los criaderos de pescado, antes de que lo llevaran a Treblinka.

"¡Hey!" Les llamé, pero sólo siguieron caminando. Les llamé por sus nombres. "¡Hey amigos! Qué les pasa, ¿tienen miedo de mi?" Ni así me contestaron, era como si en verdad tuvieran miedo. No había un guardia, solamente el ingeniero que era responsable por ellos.

De repente uno de ellos dijo, "¡Miren quién esta aquí! ¡Es Mendel!" ¡Me miraron como si fuera un fantasma! "¿Hey que les pasa amigos?" Les pregunté.

Me miraron de nuevo y dijeron, "Tu fuiste fusilado. Te mataron cuando tratabas de salir del gueto y te enterramos."

Toqué mi cuerpo con mis dos manos. "No creo" les dije. "Todavía estoy vivo. ¿Por qué creen que me mataron?" les pregunté.

Aparentemente, la noche que los alemanes rodearon el gueto, mi compañero de cuarto, el hombre de quién yo sospechaba, decidió salir caminando por la puerta delantera. La Gestapo lo mató a tiros porque pensaron que estaba tratando de escapar. Cuando los amigos del gueto lo enterraron, ellos creían que me estaban enterrando. Era obscuro y este hombre también tenía pelo rubio.

Me contaron esta historia mientras caminábamos. En una fracción de segundo les pregunté, "¿Dónde se estan quedando?"

97

El líder de el grupo dijo, "Ellos han construido un campo en Ostrowiec, y ahí nos estamos quedando."

"¿Cómo está?" Pregunté pensando en irme de regreso con ellos.

Pararon y pensaron por un minuto y dijeron, "Esta bien."
Nosotros salimos a trabajar a las fábricas de ladrillos, la fábrica de acero y otros lugares. Luego regresamos al campo—no está tan mal. Los ucranianos nos vigilan, y tenemos buena comida porque todavía podemos organizar cosas. Los guardias no nos molestan demasiado.

Regresar al campo fue muy fácil. Los ucranianos no estaban contando la gente minuciosamente. Al salir a trabajar los contaban a todos y de nuevo al regreso del trabajo, pero fácilmente me colé dentro del campo. Una vez adentro, me asignaron a trabajar en la fábrica de ladrillos.

17

Estoy Seguro Que Fortunas Fueron Derretidas De Ésta Manera

La Vida Dentro del Campo de Trabajo en Ostrowiec, 1943. Las condiciones dentro del campo de trabajo no eran tan malas, si se ignoraba el hecho de que estaba demasiado lleno y había infestación de piojos. Era un campo pequeño justo dentro de la ciudad. Rodeado con alambres de púas electrificadas y torres observatorias. Había dos cuarteles, uno para los hombres y otro para las mujeres. Los cuarteles de las mujeres tenían ventanas. La cocina estaba del lado de las mujeres.

Dormíamos en literas de madera amontonadas a dos niveles en lo alto, con dos o tres personas durmiendo en cada litera. Dormíamos en tapetes de paja que estaban en cada una de las literas y había una cobija para cada litera. Los tapetes tenían bichos grandes, y si te picaban, te hacian brincar del piquete. Los campos eran poco higiénicos.

Habia un estanque al otro lado del campo por las fábricas. Caminábamos en caminos lodosos yendo al trabajo y cuando llovía teníamos el lodo hasta los tobillos. Despues de que llovía habia muchos mosquitos. Los mosquitos eran tan grandes que te podían cargar. Todos nosotros teníamos muchos piquetes de mosquitos. En la noche cuando volteabas tu camisa al revés, estaba llena de piojos. Acostumbrábamos a matarlos. Algunos de los prisioneros los recogían y se los comían; nunca pude hacer eso, no lo soportaba. No podía entender por qué hacían esto. Uno de los prisioneros me dijo que era su propia sangre, pensaban que era sangre buena. Decían, si se van a comer mi sangre, me voy a comer la de ellos. La gente tenía hambre, moría de hambre.

Algunos de los hombres y mujeres trabajaban en la cocina. La mayoría de los hombres trabajaban en la fábrica de acero o en la fábrica de ladrillos. Yo trabajaba en la fábrica de ladrillos; hacia mucho calor. Una vez más me encontraba en una situación muy difícil.

Trabajábamos muy duro, por diez o doce horas al día. No importaba que fuese invierno. Hacía mucho frío, diez grados bajo cero. Vestíamos ropas civiles en ese campo. Teníamos una camisa, pantalones y una chamarra, pero de todas formas hacía mucho frío. Encontré unas bolsas de papel donde venía el cemento y las puse bajo mi camisa para mantenerme caliente. Acostrumbraba a decirme a mí mismo, siempre y cuando no me enferme de tifo, sobreviviré.

La comida no era como la comida que teníamos en casa. En las mañanas antes de ir al trabajo, nos daban una rebanada de pan y café sintético. A la hora del lunch, teníamos un tipo de sopa. La sopa se miraba rara; tenía una coloración rojiza. Finalmente concluímos que era porque usaban carne de caballo para cocinarla. Era perturbador, pero cuando menos teníamos carne. En general las cosas no estaban tan mal por esos días. Además de la comida que nos daban, todavía podíamos "organizar" comida de la gente polaca. Recuerdo que acostumbrábamos a organizar *gritz* [cereal de maíz] y los cocinábamos en una pequeña estufa en las barracas (dormitorio para soldados.) Era muy bonito, porque unos pocos granos hacian mucha comida! Rociaba un montón de azúcar sobre los *gritz*; sabían tan bien. Aún hoy en día, cuando voy a un restaurante, ordeno gritz con el desayuno.

Una vez cuando estaba trabajando en un grupo de hombres, nos formaron en fila para trabajar quebrando rocas en pedazos pequeños para ser usados en carreteras. Un hombre de la SS caminaba de arriba para abajo mientras trabajábamos. De repente el hombre a mi izquierda se desplomó—había sido fusilado por el hombre de la SS. Seguí trabajando, aunque mis manos sangraban por lo filoso de las rocas. El hombre a mi lado derecho se desplomó—también había sido fusilado por el hombre de la SS. Esta fue otra ocasion cuando creí que "Alguien" allá arriba me estaba cuidando para que sobreviviera y contara mi historia.

Aunque las cosas no eran tan malas, siempre estábamos siendo observados no sólo por los alemanes pero también por los ucranianos para asegurarse que no escapáramos. No había crematorios en Ostrowiec y la gente no era asesinada al azar, pero nos hacian trabajar a muerte. Por un corto tiempo trabajé en la fábrica de acero, aquí mi trabajo era revisar que las ollas y las sartenes que llevaban de las diferentes ciudades que los judíos había dejado al salir. Teníamos que ver si había algunos con doble fondo. Primero tenía que golpear el fondo del utensilio contra una mesa y escuchar el sonido. Si eran de doble fondo, sonarían hueco. Con una pequeña hacha teníamos que abrir el fondo del utensilio. Algunas veces había anillos, joyas o dinero escondido en los utensilios; otras veces estaban vacíos.

También teníamos que separar las piezas de aluminio de las de cobre y acero, para que pudieran fundirse de nuevo y usar esos metales para fabricar otras cosas. Se suponía que deberíamos de poner todos los objetos de valor apilados, incluyéndo dinero, pero a veces algunos de esos objetos llegaban a nuestros bolsillos. También llegué a tomar del montón, algunos de los artículos de valor para poder cambiar joyas y dinero por comida con los trabajadores polacos. Algunas veces no revisábamos tan cuidadosamente las ollas y sartenes antes de ponerlos en la pila de utensilios, estoy seguro que hubo fortunas que se fundieron de esta forma.

Después de varios días de trabajar en esta fábrica de acero, me enteré que alguien que trabajaba en la fábrica de ladrillos había muerto. Pregunté si podía tomar su lugar, así que fuí reasignado a la fábrica de ladrillos. Cada mañana los ucranianos nos hacían marchar a la fábrica y no los volvíamos a ver de nuevo, sino hasta el final del día cuando nos hacían marchar de regreso al campo. El tren pasaba justo por la fábrica de ladrillos. Aunque yo hacía ladrillos, también tenía que ir al tren para ayudar a decargar los furgones abiertos que llevaban arena especial que usábamos para la fabricación de los ladrillos. Los guardias siempre nos decían que si descargábamos el vagón rápidamente, podíamos descansar. Tenía un buen compañero y éramos muy rápidos. Descargábamos el furgón de ferrocarril quizá en dos o tres horas. Cuando terminábamos podíamos descansar.

Un día, una persona del Grupo Judío de Oposición Clandestino se me acercó. "Mendel," dijo, "Queremos que descarriles un tren."

Lo miré y le dije, "¡Estas loco! ¡No puedo descarrilar un tren!"

Me miró de nuevo y dijo, "¡Quiero que descarriles un tren!" La gente del Grupo Judío de Oposición Clandestino, los combatientes de resistencia, dijeron que tu lo podías hacer.

Le tomé la palabra, ya que no tenía ninguna razón para no creer que en realidad no era un miembro del Grupo Judío Clandestino.

Cuando salí del trabajo ese día, le dije a mi compañero con quien descargaba arena, "Cuándo te pregunten donde estoy, les dices que terminé de descargar el vagón abierto, y que estoy descansando por alguna parte." Al decir esto, señalé en dirección opuesta y me fuí. Entre otras herramientas, encontré una pequeña llave mecánica y la puse en mi bolsillo. Después caminé a una villa cercana y fuí a la casa de la granja, le dije al granjero, "Quiero una vaca."

El granjero me miró como si yo estuviera loco y dijo, "No te puedo dar una vaca. Si los hombres de la SS vienen a contarlas y se dan cuenta que falta una, a mi familia entera la sacarán de la casa y la fusilarán.

Después que los alemanes ocuparon Polonia, todos los granjeros tenían que reportar la cantidad que tenían de vacas, pollos, gallinas, gansos, cerdos y caballos. Los alemanes llegarían a las granjas y hacían conteo doble. Sí las cuentas salían mal, la familia entera era fusilada. Pensando en esto, el granjero me dijo, "No, no te puedo dar una vaca."

Lo miré de nuevo y le dije, "Oh sí, sí puedes. Aquí esta la nota de parte de los partisanos confirmando que estuvieron aquí y que quieren una vaca. Les puedes decir que los partisanos se la llevaron y no tuviste más remedio porque ellos traían armas de fuego. Los alemanes te creerán. Quiero la cuerda más larga que tengas y la vaca. Ahora, cuando yo salga de aquí, sí corres a contarles a los de la SS, tu familia de todas formas será fusilada, porque los partisanos estan cerca del rancho. Ellos saben que estoy aquí para que me des la vaca. No te atrevas a decir nada."

Finalmente se dio cuenta que no tenía otra opción, así que estuvo de acuerdo. "No, no les diremos nada," el dijo.

Llevé la vaca a las vías del tren, y empezó a pastar. En polonia, el Servicio Ferroviario pertenece al gobierno, y el pasto crece en ambos lados de las vías del tren. Cuando una persona pobre tenía una vaca, un cordero, o cabra pero no tenía rancho o lugar para alimentarlos, se tomaban el derecho de llevar a sus animales a las vías del tren para que pastaran.

Una vez que llegué al tren, ví a un policia alemán caminando a lo largo de las vías, revisando los rieles. Los escuché hablando acerca de un tren importante que venía en camino. Este era un tren *Panzer*, que tenía paredes de acero plateadas muy gruesas y a los lados de cada vagón tenía cañones dentro de las paredes apuntando hacia afuera. Estas paredes de los carros-abiertos (tipo góndola) eran tan gruesas que una bala no podía penetrarlas. Los cañones del tren podían ser disparados al ir pasando por pueblos y ciudades. Cuando el policia alemán me vió, trataron de decirme que me fuera. No sé como lo hice, pero pretendí ser sordomudo. Me veía como un humilde chico campesino porque mis pantalones tenían agujeros y mi camisa estaba rasgada. Me hablaron en alemán, pero no respondí. "Los escuché diciendo, está tonto! No entiende de lo que estamos hablando."

Finalmente, la policía alemana terminó de revisar los rieles y empezaron a diseminarse. Después que se fueron, fui a las vías del tren y pegué mi oído. Podía escuchar la vía vibrando, así que supe que el tren ya venía. Saqué la pequeña llave mecánica que había llevado conmigo y aflojé los pernos en las abrazaderas que sostenían las vías juntas. Cuando terminé, puse algo de tierra y pasto encima sobre toda la superficie para que nadie pudiera ver lo que yo había hecho.

Coloqué mi oído sobre la vía del tren de nuevo. Las vibraciones eran más fuertes esta vez, así que supe que el tren estaba muy cerca. Sólo tenía poco tiempo para alejarme del lugar. Dejé la vaca por las vías y corrí hacia la colina cercana. Esperé en la colina hasta que el tren vino. Cuando pegó en la parte desatornillada de las vías, el tren se descarriló causándo tremenda explosión. Nunca ví que le pasó a la vaca—creo que se hizo barbacoa!

Después de la explosión, bajé a la villa y le dije a la gente que dejaran todo y se fueran al bosque. Sabía que los nazis iban a ir a matar a todos en represalia por la explosión. Después regresé a la fábrica de ladrillos como si nada hubiera pasado. Mis amigos me preguntaron, "¿Mendel, dónde has estado? "Oh sólo estaba tratando de organizar algo," contesté, y continué con mi trabajo. Los del Grupo Clandestino no trataron de contactarme de nuevo mientras estuve en Ostrowiec. Creo que los partisanos en el área se adentraron más en el bosque.

Día tras día, íbamos a trabajar a la fábrica de ladrillos, la que quedaba entre dos y tres kilómetros de distancia y después regresábamos al campo. Algunas personas trataron de escapar pasando por debajo del alambre de púas, sólo tenían que gatear doscientos o trescientos pies para escapar. Algunos de ellos lo lograron; pero otros fueron fusilados. Yo también pensé en escapar pero sentí que estaba más seguro en el campo de concentración.

Dentro del campo, algunas veces podíamos obtener periódicos. Podíamos escuchar a los soldados y a los hombres de la SS diciendo lo orgullosos que estaban porque el ejército alemán se iba adentrando en Rusia. Para 1944 los rusos se acercaban más a Ostrowiec. Inclusive un tanque ruso entró a la ciudad, pero rápidamente se salió. Tenía un amigo que era muy rápido y brincó a un lado del tanque al salir éste. Hasta donde supe, él escapó. Yo también hubiera escapado con él, pero a esas horas yo estaba trabajando arriba de los hornos en la fábrica de ladrillos, y la temperatura estaba muy caliente. Solamente vestía ropa interior. Cuando ví el tanque desde la ventana, traté de vestirme rápidamente, pero se fue, era demasiado tarde. El tanque desapareció.

18

Ahora Eres Un Número

Auschwitz-Birkenau, 1933. Después de que los rusos salieron, me imaginé que los hombres de la SS iban a regresarnos al campo, así que fuí a ver a un hombre llamado Newman. Newman era un excelente fabricante de gabinetes; tenía manos de oro. Tenía una habitación en la misma casa del alemán encargado de la fábrica que vivía allí con su familia. La casa estaba ubicada dentro de la misma fábrica. Newman fabricaba muebles, hermosas cajas labradas a mano y otros artículos para este alemán, que era un civil. Fuí a ver a Newman y le sugerí que nos escondiéramos juntos. Nos subimos al ático del segundo piso de la casa donde la familia alemana vivía y nos escondimos ahí por tres días. No sé qué pasó, quizá alguien le dijo a los alemanes que estábamos allá arriba o alguien escuchó nuestros movimientos.

De repente escuchamos una voz áspera --- *"Kommen Sie hereunder"* [Bajen] Al principio no bajamos, pero cuando gritaron más fuerte, nos dimos cuenta que sabían que estábamos allí, y no teníamos otra opción que salir del ático. Bajando las escaleras, le dije a Newman, "¿Por qué no rezamos el Salmo 23?" Me imaginé que seríamos fusilados tan pronto bajáramos y esta sería nuestra oración final. Sabíamos que todas la veces que los alemanes capturaban a alguien escondiéndose, hombre o mujer, lo sacaban y lo fusilaban. Esta vez los alemanes no nos fusilaron. Los escuché diciendo, "Guardemos las balas. De todas formas los van a matar a donde serán llevados." No sabía lo que esto significaba, pero no sonó nada bien. Tuvimos mucha suerte al no ser fusilados ahí mismo.

A principios del verano en 1944 los nazis nos pusieron a trabajar de nuevo en el campamento, ahí esperamos por varios días. Los nazis vinieron y nos hicieron marchar hacia la ladera de la vía férrea la que aproximadamente estaba a unas 50 yardas de distancia y corría a lo largo del campamento. Nos pusieron en vagones cubiertos sujetos a furgones de carga y a un motor. Viajamos por varios días con destino desconocido. Sabíamos que estábamos anexados a otros furgones de carga, porque los podíamos ver cuando dábamos la vuelta en las curvas. Algunas veces, cuando el tren paraba, nos daban sopa, pero esto era muy raro. Algunos de nosotros podíamos ver por las ventanas las ciudades que íbamos pasando. Ellos las anunciaban, "Katowice," "Sosnowiec," "Krakow," y "Oswiecim" [Auschwitz]. Los furgones fueron empujados a un campo de concentración llamado Birkenau, Auschwitz II. En ese momento, no sabía en que campamento estábamos.

Más tarde me dijeron que en realidad eran tres campos en Auschwitz. Auschwitz I era el campo principal. Auschwitz II era el de Birkenau. Toda la gente que entraba a Auschwitz primero tenía que pasar por Birkenau. Llamábamos a Auschwitz III, "Buna," porque I. G. Farben tenía su planta de hule ahí en un lugar llamado Buna. Me dijeron que aquí se fabricaba el Zyklon B, {gas de cianuro} un gas venenoso que ahogaba y causaba nauseas. Cuando llegamos a la ciudad de Oswiecim, desprendieron los vagones cubiertos de los furgones de carga y nos dirigimos hacia Birkenau. Birkenau estaba aproximadamente a dos millas de distancia del campo principal. Cuando llegamos a Birkenau, las puertas del furgón se abrieron. Salimos al sonido de una orquesta tocando música clásica. Más tarde me enteré que habían escogido a los mejores músicos de Europa para la orquesta de Birkenau. Vimos hombres de la SS y a prisioneros que iban a limpiar los vagones caminando de arriba para abajo, risueños y riendo a carcajadas. Le pregunté a un prisionero, "¿Que clase de campamento es este?" Su respuesta fue una sonrisa. Pensé, "No les está permitido decirnos."

Podíamos ver el campo de hombres detrás de nosotros, y al otro lado de la rampa, también en Birkenau, había un campo de mujeres. Miré alrededor y dije a mis amigos, "Dios, aquí entramos al paraíso. Todo está tan limpio, y tienen una orquesta tocando para nosotros. Echen una mirada a la clase de recibimiento que nos han dado aquí." Al otro lado de la rampa, detrás de la cerca de alambre electificada de púas, había mujeres sonriendo y nos hacía señas con las manos. Al mirar hacia mi derecha más a lo lejos, podía ver grandes chimeneas de las que salían humo. Les dije a mis amigos, "Este es un buen lugar. Miren, aquí tienen grandes panaderías. Cuando me pregunten que profesión tengo, les diré que soy panadero." Pensé que sí podía trabajar en la panadería, siempre tendría comida suficiente para comer y podría organizar más comida para mis amigos.

Mientras esperábamos en la rampa, los hombres de la SS empezaron a seleccionar gente. Ellos caminaban de arriba para abajo. Me paré en las puntas de los pies para verme más alto, viéndoles directo a los ojos. No estaba seguro de que era lo que buscaban, pero como era delgaducho y no muy alto, quería estar derecho y lucir lo más alto posible. Cuando el hombre de la SS señalaba a la gente con su dedo pulgar levantado, la gente iba hacia el lado derecho, cuando señalaba con el pulgar hacia abajo, ellos iban al lado izquierdo. Fuí escogido para ir al lado derecho con algunos de mis amigos. Otros amigos fueron escogidos para ir al lado izquierdo. En ése entonces, no sabía lo que la derecha y la izquierda significaban.

Durante el proceso de elección, ví a un hombre con un abrigo blanco que se paseaba alrededor. Dije, "¡Hey, muchachos, miren! ¡Vinimos a un paraíso! ¡Panaderías por allá, mujeres dándonos la bienvenida, la orquesta tocando, un doctor caminando de arriba para abajo!

Si alguien se desmaya o alguien se enferma, él va a ayudar." Despué me enteré que era el Dr. Joseph Mengele, el Angel de la Muerte, buscando gemelos para sus experimentos.

Cuando la selección terminó, los guardias dijeron, "Cualquier persona escogida al lado derecho caminará hacia esas chimeneas." Yo estaba en el primer grupo que fue a la derecha, mientras caminábamos hacia las chimeneas empezamos a oler algo. Al estar más cerca,mis amigos dijeron, "Saben, no huele como aroma de pan. "Huele como a piel."

Yo también olí el aire, y dije "Tienen razón. Es verdad huele a piel." Siempre estaba pensando positivamente, así que dije, "Saben qué, que tienen tanta gente aquí, que deben de estar matando muchas vacas y caballos para alimento. No pueden tener la piel de los animales regadas por todos lados, así que las estan quemando."

No sabíamos lo que ellos horneaban pero sabíamos que no era el olor del pan. Tampoco era el olor de animales; era por completo diferente y muy fuerte. Empecé a asustarme. El pelo detrás de mi cuello se me erizó y mi cuerpo empezó a temblar. Mis amigos debieron de haber estado asustados también, porque dijeron, "Mendel huyamos, escapemos y corramos,"

Miré alrededor y ví las torres de observación y la cerca de púas electrificada. "No hay forma de escapar," dije.

Al acercarnos a las chimeneas fuímos llevados a una barraca grande y nos ordenaron que nos desvistiéramos y dejáramos todo lo que traíamos. Completamente desnudos, esperamos por un ratito. Un hombre de la SS entró y gritó, "¡Todos afuera!" Cruzamos un camino hacia otro edificio, el que adentro tenía regaderas. Adentro tuvimos que entrar a una pequeña alberca y quedarnos ahí por pocos segundos. Sólo Dios sabe que clase de desinfectante habían puesto en la alberca, porque quemaba al que tuviera granos en la cara o cortadas en los pies. Salimos de la pequeña alberca y fuimos a las regaderas, donde tuvimos que esperar a que saliera el agua. Cuando finalmente salió, estaba tan caliente, que si hubiera podido poner un huevo bajo el agua, el huevo se hubiera cocido.

Todo el mundo trataba de moverse para evitar quemaduras, pero los guardias de la SS estaban parados al lado con fuetes. Estaban dando fuetazos a las personas que trataban de salirse del agua caliente. Después del agua caliente vino la fría, después cerraron las llaves del agua. Salimos de las regaderas. Ví una toalla, la que rápidamente agarré, me sequé y junto con otros fuimos a una habitación donde nos dieron algo de ropa. Las tallas de las prendas no hacían juego; algunas eran demasiado grandes y otras demasiado pequeñas. Me tocó una camisa tan grande que me podía envolver en ella cinco veces. Cambié camisas con otro hombre que estaba parado cerca de mí, y cuya camisa era demasiado pequeña.

Algunas de las vestimentas eran hechas de tiras de tela; otras solamente eran ropas de civiles. Una banda amarilla estaba cosida en toda la ropa para que los guardias nos pudieran identificar como judíos. También en el campo, ví otro tipo de marcas. Más tarde me enteré que cada marca tenía un significado diferente. Las bandas rojas, significaban prisioneros políticos; un triángulo morado era para los Testigos de Jehovah; y los gitanos tenían una "Z" grande y negra significando *Zigeuner*. Los homosexuales tenían una banda rosa y los criminales, una banda verde.

Una vez que nos dieron nuestros uniformes, nos pusieron en cuarentena en el campo. Después supe que el campo de cuarentena no estaba muy lejos de las cámaras de gas y el crematorio. Al caminar dentro del campo, tuvimos que levantar nuestros brazos para obtener un número. Este número era tatuado rápidamente, sin anestesia, en nuestros brazos, Observé como mis amigos fueron tatuados. Cuando fue mi turno, extendí mi brazo y me tatuaron el número B4990. Mantuve mi puño bien apretado y nunca hice cara de dolor. Mi brazo me dolía, pero no hice nunca ninguna expresion facial. No les iba a dar la satisfacción.

Cuando todo terminó, el hombre de la SS me miró y dijo, "¿Sabes lo que significa este número?"

"No Señor," contesté.

"Ahora has sido deshumanizado. No más eres un humano. Ahora eres un número y es mejor que recuerdes este número, porque de ahora en adelante así serás llamado."

Ellos pusieron el mismo número en mi camisa en la banda amarilla, y así me convertí en el número B4990, sin embargo en mi mente todavía era una persona libre.

Konin, Ayuntamiento

Konin, Plaza Mayor

*Hermano de Mike
Avram*

*Hermana de Mike
Ester*

*Detalle de foto mostrando a
a Mike de Jovencito*

*Detalle de foto mostrando a
a Mike de Jovencito*

*Szlama hermano de
Mike*

Puente de madera sobre el Rio Warta que pasa a través de Konin.

Konin, Cementerio Judío, Pre-2da. Guerra Mundial, destruído por
la Nazis durante su ocupación.

Konin, Escuela Pública a la que Mike Jacobs (Mendel Jacubowicz) asistió del grado quinto al séptimo. Alrededor de 1929.

Escuela de Oficiales del Ejército en Konin, donde los judíos fueron arrestados en el tiempo que fueron evacuados de sus casas hasta que fueron deportados al gueto de Ostrowiec.

Estudiantes en el Cheder (Escuela Religiosa Judía) y otros ciudadanos para honrar a Philip Charof, anterior presidente de Konin que emigró a los Estados Unidos. En 1935 Mr. Charof dio una importante donación de fondos cuando visitó Konin. Los fondos provinieron del grupo de la Hermandad en los EUA y todos ellos eran originarios de Konin. El Sr. Charof está sentado al centro de la la terecera fila y portaba un sombrero blanco. Mike esta en la primera fila sosteniendo la esquina derecha del estandarte.

Ester, hermana de Mike con su amigo Avram Gniezno, Polonia, 1929.Avram hermano de Mike Wiernik, (izquierda) con un amigo en Konin, 1929

Izquierda a derecha: un amigo, esposa del primo de Mike, Hollander, primo de
Mike, la hermana de Mike, Ester y su novio Wolf Kaczka, Avram, hermano de
Mike, alrededor de 1931.

Primas de Mike (sentido de las manecillas Las primas de Mike que vivían en del
reloj de arriba hacia abajo, izquierda Bluma, Gucia, Maricia, and Bronia Gerson
Mediados de 1920
(Derecho) Las primas de Mike que vivían en Tuliszkow. Incluídas: Ester, Maricia
Bronia, Gucia, Bluma y Regina Gerson 1929.

Avram, hermano de Mike con su amiga Hanna, quien después se casó con Heniek, primo de Mike. Konin, Polonia 1930.
Yecheil Alter Jakubowics primo de Mike de Kleckzew, quien se casó con Regina Gerson, de Tuliskow, prima de Mike. Alredor de 1937

Avram, hermano de Mike (izquierda) con su primo Avram Meir Szwam. Alrededor de 1930.

Szlama, hermano de Mike, en la primera fila a la derecha, con amigos. Alrededor de 1935.

Avram, hermano de Mike, (primero a la izquierda) con un grupo de amigos.

Hermanos de Mike, última fila, Avram, tercero a la izquierda, y Szlama a un lado de él con sus primas de Tuliskow. Alrededor de 1932.

Konin. Grupo de Jóvenes Pioneros, un grupo Zionista, Juvenil. Reuven, hermano de Mike, el último de la izquierda en la última fila.

117

Michael "Mike"Jacobs (Mendel
Jacubowicz) después de su liberación
De Gusen II, cuando trabajaba para
el ejército de los EUA en Mittenwald,
Alemania. El ejército le proporcionó
el uniforme. 1945.

Mike trabajando para
el ejército de EUA.
Mittenwald, Alemania, 1946.

Mike y amigos practicando gimnasia.
Mike en la cima de la pirámide.
Mittenwald, Alemania, 1946

*Mike horneando matzohs (pan sin levadura) para la celebración
del Pesach (Festival Judío de Passover) (Pascua Judía.) Mittenwald,
Alemania, 1946.*

*Mike, (primero a la derecha) marcha con el equipo judío de soccer en
Mittenwald camino al estadio para participar en un juego de soccer.
Alrededor de 1946.*

*Sobrevivientes de Konin, Polonia en una reunión en Munich,
Alemania en 1947. Mike es el tercero de la izquierda en la primera fila*

*Equipo judío de soccer de Mittenwald, Alemania, que Mike organizó y era capitán
del mismo. Mike está a la derecha al final. Alrededor de 1946.*

Equipo de futbol soccer de Mittenwald en torneo de países Européos. Incluídos había equipos de futbol soccer de Austria, Italia, Suiza,y Mittenwald, Alemania. El equipo de Mittenwald ganó el torneo.Mikeestá parado y es el tercero de la derecha.

Mike (al centro) conduciendo junta de negocios de la Organización Deportiva Hapoel. Mittenwald, Alemania, 1947.

Mike (izquierda) con un amigo de su niñez Lutek (Leon) Burzynski. Juntos sobrevivieron los años de guerra. Mittenwald, Alemania, 1947.

Mike entrenando a mujeres en un grupo de aptitud física. Mittenwald, Alemania 1946-1947.

Mike entrenando a mujeres en un grupo de aptitud física. Mittenwald, Alemania 1946-1947

Mike Jacobs, (segundo a la izquierda) y su primo Avram Soika con amigas. Mittenwald, Alemania, alrededor de 1947

*Mike Jacobs gana carrera de los 400 metros en competencia
en Bad Reichenhall, 1946. Mike también ganó la carrera de
los 100 metros como parte de la competencia.*

*Mike gana salto de longitud
a 6.7 metros (21.91 pies) en
la competencia de
Sobrevientes de la Zona
Americana-Inglesa que tuvo
lugar en Landsberg y Bad
Reichenhall, Alemania 1947-
1948, que terminó en 1948.*

Mike (a la derecha) acepta su premio, Copa de Amistad, otorgada por un oficial de la Competencia de Sobrevivientes de la Zona Americana-Inglesa que tuvo lugar en Landsberg y Bad Reichenhall, Alemania, 1948

Mike con oficiales del torneo de los Sobrevivientes de la Zona Americana-Inglesa. 1948.

Menciones (Diplomas) otorgados
por el UNRRA por
Rendimiento Deportivo, Organización,
Liderazgo, Desarrollo y Entrenamiento.

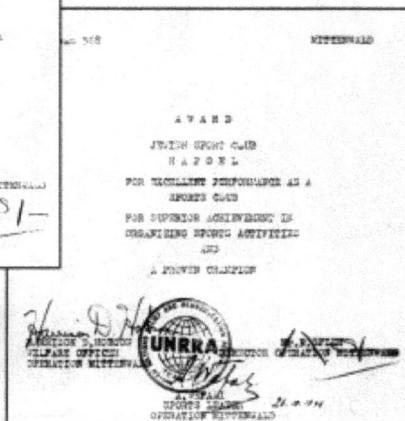

(Arriba)
Medallas otorgadas
de futbol soccer y en
competencias de campo y
pista.Certificado

Permiso de Entrada a los Estados Unidos.

*Mike en el tren en ruta de Mittenwald to Breman,
Alemania, de donde viajaría en barco a los Estados
Unidos. Julio 1951.*

*Mike enseñando gimnasia en el Centro de la Comunidad Judía
en el Sur de Dallas, 1952.*

*Mike en conferencia en la Universidad Metodista del Sur.
Alrededor de 1971.*

Competencia de soccer en la escuela de St. Mark's, 1972. Dallas, TX - Mike primero a la derecha, desempeñando el papel de árbitro.

Mike arbitrando en una competencia internacional de soccer en Dallas, TX. Dallas Tornados vs. los Dínamos de Rusia, Moscú, Agosto 17, 1972.

Mike (tercero de la derecha) describiendo el campo de exterminación de Auschwitz-Birkenau a la Federación Judía de Gran Dallas, TX. Enero, 1978.
Mike en Polonia explica lo sucedido en Auschwitz-Birkenau a un grupo de

la Federación Judía de Gran Dallas parados frente a una barraca para mujeres in Birkenau. Enero, 1978.

Maqueta original del Centro Conmemorativo de Estudios del Holocausto en Dallas. 1983.

Mike, Ginger y su primogénito, Mark, cuando se tomaba un video para la entrevista de Mike con Ted Koppel en el programa "Nightline." – (Línea Nocturna) Abril, 1983.

Mike conectando los cables que sujetaban el furgón para ser descargado en el estacionamiento del Centro Judío Comunitario para colocarlo a la entrada del Centro del Holocausto. Septiembre 15, 1983.

Mike revisando los cables para asegurarse que estuvieran suficientemente fijos para transladar el furgón del trailer al estacionamiento.

Mike, (primero a la derecha) habla en la dedicación en la Sala de Conmemoración del Centro de Estudios del Holocausto, Enero 29, 1984. Sobreviviente Martin Donald, sostiene la urna de bronce que contiene fragmentos de huesos humanos que Mike Jacobs trajo a Dallas de Birkenau. Otros sobrevivientes, de izquierda a derecha: Mike Shiff detrás de Martin Donald, Henry Goldberg, Ossie Blum, Frank Bell, Rosa Blum y Jack Altman.

Vista interior de la Sala de Conmemoración del Centro del Holocausto

Entrada al Centro de Estudios del Holocausto del Centro Conmemorativo de Dallas, mostrando los pasamanos que representan los rieles del tren y los escalones representando durmientes (las abrazaderas) del tren.

Vista frontal de la Sala Conmemorativa del Centro del Holocausto.

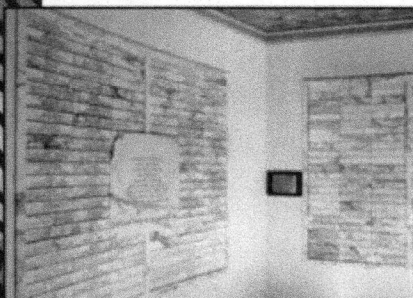

Paredes con placas conmemorativas dedicadas a varias personas en la Sala de Conmemoración.

Vista de la Sala de Conmemoración con una escultura de bronce, "Aferrándose a La Vida," el ataúd de bronce de Magen David y seis luces conmemorativas. Doce columnas con nombres de campos de concentración que son conectadas por un alambre de acero forjado en forma de púas que rodea la piedra de granito de mármol.

(Arriba)
Sala de Exhibición con fotografías
y objetos de recuerdo de la era nazi.

Izquierda, un furgón autentico usado
para transportar gente a los campos
de concentración a la entrada del
vestíbulo y salas del museo.

(Abajo) Exhibición de cuchillería y
objetos de campos de concentración
(éstos son de Auschwitz - Berkinau).

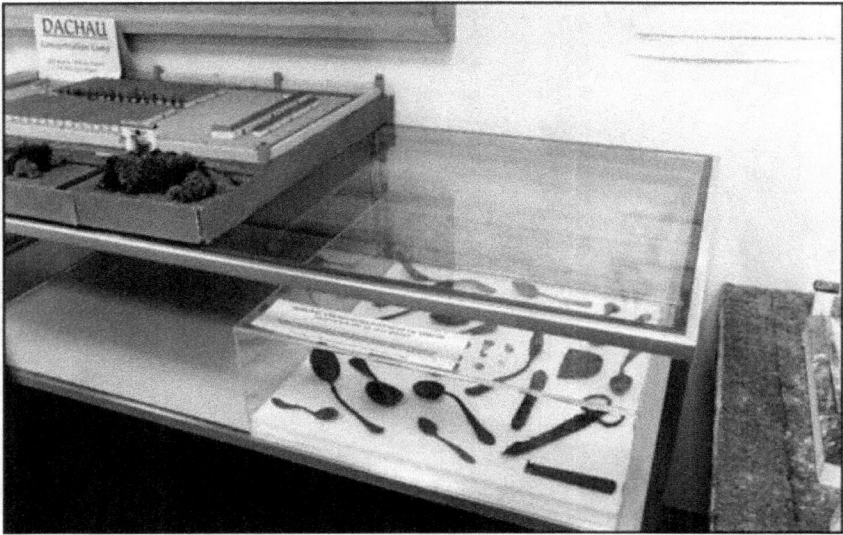

Exhibición de cuchillería con vista parcial de un modelo de campo de concentración.

Vista del vestíbulo con fotografías pre-Holocausto y Judaica (como Phylacteris, talis o chales de oración y libros de oraciones) varios artículos describiendo la vida judía antes de la guerra.

Mike hablando en la escuela secundaria Whittier, en Norman, Oklahoma, Marzo 10, 2000.

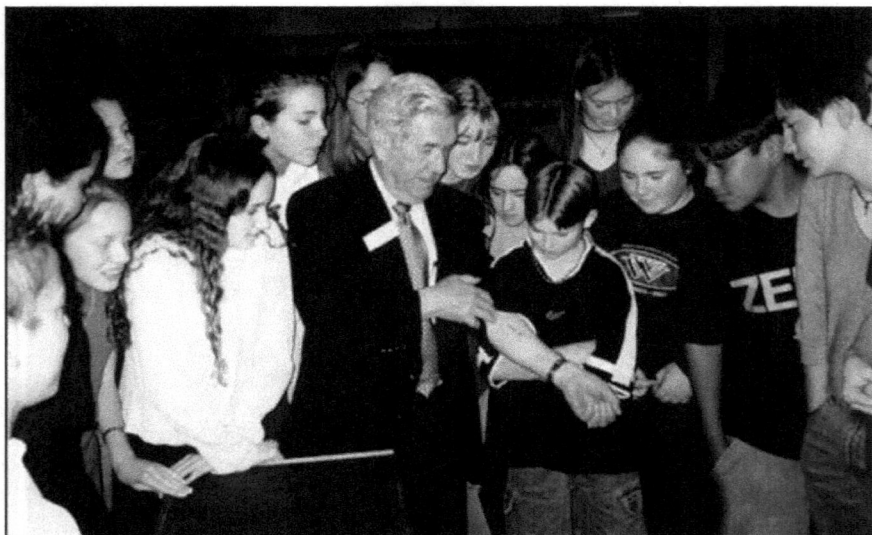

Al término de una conferencia en una clase de la escuela secundaria Whittier, Mike muestra a los estudiantes el tatuaje que le marcaron en su antebrazo izquierdo cuando estuvo en Auschwitzs. Marzo 10, 2000.

*Mike muestra y explica los objetos del campo de concentración a
estudiantes de la escuela secundaria en la ciudad de Putnman,
Oklahoma, Mayo 8, 2000. Incluídos: un par de zapatos de niños, jabón
hecho de grasa humana, "Zyklon B" (gas cianuro), el sombrero que usó
en Gusen II y el reloj (ficticio) que construyó en Gusen II.*

*Mike después de una presentación, firmando autógrafos y explicando los objetos
a estudiantes de la escuela Duncan, en Duncan, Oklahoma. April 13, 2000.*

"Reloj Ficticio" que Mike secretamente fabricó cuando fue forzado a trabajar como maquinista en Gusen II.

Sombrero de prisionero que Mike usó en Gusen II.

Barra de jabón hecha con grasa humana

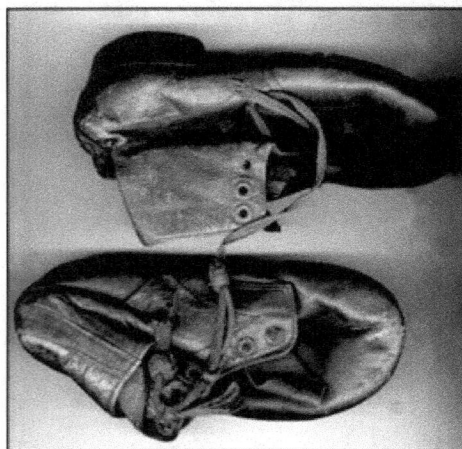

Cristales de Zyklon B usados en los campos de concentración en las cámaras de gas.

Zapatos de niño de un campo de concentración.

Dentro de cien años a esta fecha
mi cuenta de banco ya no importará,
la clase de casa en la que viví,
la marca de automóvil que manejé.

MIKE JACOBS
Gracias
Por hacer la
diferencia en la vida de
cientos de estudiantes
en la escuela secundaria
de Garland.

Pero,
el mundo será diferente
Porqué fui importante
en la vida de un niño.

(Arriba)
Mike en barraca de mujeres
durante la Misión a Birkenau de la
Federación de Dallas, que Mike dirigió,
1992.

HERSHEY'S
Chocolate de Leche

"HERSHEL BAR"

Presentada a
MIKE JACOBS
Sobreviviente de Mauthausen
41avo. Aniversario. Mayo 5, 1945 –
Mayo 5, 1986. Otorgado por
sus amigos y liberadores.
Onceava División de la Armada.

Fotografía de familia, 2001. Parados (derecha a izquierda):
Nieta Rivka Linksman Altman, hijos Andrew (Andy),
Reuben, y Mark, yerno Wayne Linksman e hija Deborah
(Debbie). Sentados, Mike y Ginger,y nietas Leeza, Aviva, y
Sarah Linksman Verchow.

Fotografía familiar 2012 (Izq. A Der.) Aviva Linksman,
Wyane Linksman, Jeffrey Verchow and Sarah Linksman
Verchow. Debbie Jacobs Linksman, Rivka Linksman
Altman and Brad Altman, Leeza Linksman

Fotografía familiar 2009 (Izq. A Der.)   Última fila: Debbie Jacobs Linksman, Wayne Linksman, Michael "Mike" Jacobs, Mark Jacobs, Ginger Jacobs, Andy Jacobs, Reuben Jacobs.Primera fila: Aviva Linksman, Rivka Linksman Altman, Sarah Linksman Verchow, Leeza Linksman.

Fotografía familiar 2013

19

En el Campamento Todo se Hacía con Música

Inside Birkenau, 1944. Cuando terminaron de tatuarnos, fuimos asignados a un dormitorio militar. Habíamos estado en el campo de cuarentena por pocos días cuando un guarda de la SS entró y preguntó, "¿Quién de ustedes es una persona muy ágil?" Levanté la mano porque yo fui un buen gimnasta en Konin. Pensé que quizá necesitaban a alguien que se subiera a los postes o para desempeñar otro tipo de trabajo que requiriese agilidad. Busqué a otras personas que llegaron conmigo en el furgón, pero nunca los encontré. Las personas escogidas para ir a lado izquierdo habían ido a un edificio grande. Ellos habían sido enviados directamente a las cámaras de gas. Esto me lo dijo uno de los hombres del *Sonderkommando* [Prisioneros cuyo trabajo era remover los cuerpos de las cámaras de gas.] La puerta de acero por donde habían entrado la cerraban. La gente se paraba bajo las regaderas. Esperaban que saliera agua de las mismas, pero el agua nunca salió. En lugar de agua, la SS ponía Zyklon B (gas de cianuro.) Tomaba entre 20 y treinta minutos para que la gente se asfixiara a muerte. Los hombres del Sonderkommando me dijeron que si la SS hubiera puesto agua en las cámaras de gas, hubiera tomado entre dos y cinco minutos solamente para que el Zyklon B se disolviera y los matara. También me dijeron que los padres trataban de cubrir a sus pequeñitos, con la esperanza de que pudieran respirar y vivir un poco más. Algunas personas también trataban de escarbar con las uñas hoyos en las paredes de las cámaras de gas. Hoy en día todavía se pueden ver los arañazos en la pared.

Una vez que la gente moría, los Sonderkommandos entraban a las cámaras con un hacha para separar los cuerpos y sacarlos del lugar. Encontraban a gente amontonada una sobre otra, cada una tratando de respirar por un poco más de tiempo. Cuando eran llevados afuera, los Sonderkommandos tenían que remover el oro que pudieran haber tenido en sus dentaduras. El pelo de las mujeres era rapado. Los cuerpos era llevados al crematorio para ser quemados. Más tarde otras personas me dijeron que la SS fabricaba pantallas para lámparas hechas con piel humana. Con el pelo fabricaban telas, alfombras, relleno para colchones y de los huesos hacian fertilizantes, usaban cada parte de los cuerpos. Los prisioneros que trabajaban como Sonderkommandos, me contaron que mientras la gente se quemaba, en los crematorios habían colocado cubetas debajo de cada uno de ellos para capturar la grasa humana para fabricar jabón. El olor en los crematorios era muy fuerte. Algunas veces, el viento soplaba en dirección opuesta y era muy difícil respirar. Había tantísimos transportes llenos de gente llegando a Auschwitz-Birkenau durante 1944, que los crematorios difícilmente podían manejar el número tan grande de personas a quienes tenían que matar y entonces los nazis empezaron a quemar gente en hoyos.

Un día escuché cantos, y me dije, ¿por qué cantaran voces tan juveniles? Fui hacia la parte de atrás de mi dormitorio. Abrí la puerta y saqué la cabeza un poco. Se suponía que en la noche no debíamos abrir la puerta y tampoco se nos permitía caminar fuera de los dormitorios. Los reflectores de vigilancia constantemente se movían de un lado al otro. En la sección de hombres, todos los campos estaban divididos y cercados con alambres de púas, al igual que los Campos A, B, C, D, junto con los campos para gitanos y de cuarentena. Las bardas de alambre de púas electrificadas separaban cada campo con torres de vigilancia y enormes reflectores colocados en cada esquina del campo, que eran patrullados por miembros de la SS. Si hubiera sacado toda mi cabeza, me la hubieran volado de un tiro. No pude ver lo que pasaba, uno de los hombres del Sonderkommando me dijo que los niños cantaban mientras sus padres y parientes eran quemados. La gente gritaba y daba alaridos y el fuego salía de los hoyos. Quemaban los cuerpos mientras los niños eran forzados a cantar y a bailar; ¡lo tenían que hacer! Cuando los gritos silenciaban, los mismos niños eran empujados a los hoyos para quemarlos vivos.

Auschwitz fue construido sobre veintisiete millas cuadradas rodeado de terreno lodoso. Si hoy en día lo visitaran nunca se imaginarían que lo convirtieron en un pantano. Llenaron el pantano con huesos y cenizas.

Pocos días más tarde, fuimos transferidos a un campo cercano. Era el campo "D", un campo de trabajo. No sabíamos que clase de trabajo íbamos a desempeñar; todo lo que sabíamos es que íbamos a trabajar. Cada campo tenía aproximadamente unas veinte barracas, cada una construida para un cupo de 52 caballos. Me dijeron que había como 30,000 personas en cada campo. Nunca conté la gente pero había dos niveles de literas angostas con dos o tres personas durmiendo en cada litera. Estábamos muy, pero muy apretujados. Cuando una persona se volteaba al otro lado, todos nos teníamos que voltear el mismo lado, porque estábamos tan apretados como sardinas.

Cada mañana, teníamos que levantarnos muy temprano para pasar lista. Esto tomaba mucho tiempo, por lo que permanecíamos parados por largas horas en la fila. Cuando los guardias quedaban convencidos que todos habíamos sido contados, nos servían el desayuno que consistía en café sintético y una pequeña rebanada de pan, la que algunas veces tenía moho. En esos tiempos no lo sabíamos pero este pan en realidad de alguna manera nos ayudaba, porque en cierta forma nos daba una forma de penicilina. Depués de terminar nuestro "desayuno," ibamos a trabajar.

Todos los días marchábamos del campo al compás de la música; regresábamos al campo con el sonido de la orquesta; éramos torturados al sonido de la orquesta. Todo en el campo se hacía con música.

Después de muchos días, los guardias vinieron y se llevaron un numeroso grupo de personas, me dijeron que eran unas 1,800 personas aproximadamente a las que convirtieron en kappos [prisionero que fungía como capataz.] No recuerdo cuantos *kappos* marchaban con nosostros. Otras veces eran hombres de la SS quienes nos acompañaban en la marcha. Salíamos del campo "D" marchando y formados en filas de cuatro o cinco personas para ir al trabajo. Nos hacían marchar alrededor del campo en una larga fila a un lugar llamado el *salegabetrieb* [patio de deshechos.]

Había sembradíos de repollo (col) donde marchábamos a lo largo del camino. Yo era muy rápido. Cuando llegábamos a un campo donde el repollo estaba crecido, me salía de la fila, tomaba una cabeza de repollo y me metía a la fila. Nunca me atraparon. Si así hubiera sido, me hubieran fusilado. El repollo lo cultivaban para los miembros de la SS, no para los prisioneros. Cuando me incorporaba a la fila nuevamente, rápidamente comíamos el repollo mientras caminábamos. Del otro lado de los campos de repollo había largas zanjas para guardar papas para el invierno. Otros prisioneros ponian las papas en las zanjas y las cubrían con paja y tierra. Dejaban pequeñas aberturas donde situaban tubos que tenían forma de chimenea, que sobresalían de las zanjas. Eran colocados a lo largo de las zanjas donde estaban las hileras de papas para que estas pudieran respirar. Nunca pude tomar ni una papa porque este campo estaba demasiado lejos.

Al costado había una vía de tren que llegaba al *Salegabetrieb*, donde los furgones abiertos del tren traían aviones alemanes que habían sido derribados y también trenes de pasajeros pasaban afuera del campo de deshechos, en una vía paralela que iba a diferentes ciudades. Esa gente debió haber visto lo que estaba pasando.

Mi trabajo en el *salegabetrieb*, era el de "*rangemaster*" porque yo era muy ágil, para este tipo de trabajo. Esto significaba que mi trabajo era enganchar y desenganchar las góndolas (carros abiertos del tren) de otros carros. Después de desenganchar el carro, tenía que subir hasta los escalones más altos de la góndola, y dar vuelta al volante para poner los frenos. Mientras hacia esto, un alemán de la fuerza aérea alemana maniobraba el motor del tren para empujarlos a diferentes vías.

Mi trabajo no era difícil pero era muy peligroso. Tenía que ser extremadamente rápido y nunca cometer errores. Si cometía un error, las llantas del tren pasarían sobre mi. El ingeniero polaco llevaba el tren a la entrada del frente de Birkenau. A este punto, el miembro de la fuerza aérea alemana tomaba el lugar del ingeniero polaco, porque los ciudadanos polacos no tenían permitido entrar a Birkenau. Cuando el miembro de la fuerza aérea localizaba el lugar donde el carro debía de parar, era mi trabajo asegurar que el furgón estuviera en el lugar apropiado para que los prisioneros pudieran sacar el avión de la plataforma del ferrocarril y colocarlo en el suelo para ser procesado. Sacaban el motor del avión; eventualmente el aluminio y el acero inoxidable eran cortados y separados, lo mismo se hacía con el cobre, bronce y otras formas de metal. Todo esto lo hacían los prisioneros que usaban hachas para cortar metales. Después embarcaban los diferentes metales en furgones carboneros abiertos con dirección a las fundidoras para crear piezas nuevas.

Los aeroplanos eran de aviones alemanes, la mayoría del tiempo, pero otras veces también llevaban aviones extranjeros. A los prisioneros no les gustaba cuando esto sucedía, porque esos aviones eran hechos con aluminio más grueso que el de los alemanes y esto hacía más difícil cortarlos con las hachas. De vez en cuando escuchábamos aviones americanos sobrevolando en lo alto. Al momento que escuchábamos los aviones, la SS dejaba salir humo para cubrir el campo entero. Los hombres de la SS sonaban las sirenas. Nos hacian tirarnos al suelo con las cara hacia abajo con los brazos abiertos y estirados. Mirando atrás, la única razón por la que puedo pensar que nos obligaban a tirarnos al suelo era para evitar que enviáramos señales con un espejo a los aeroplanos del enemigo.

20

Me Convierto en Partisano

Uniéndome al Grupo Partisano Clandestino en Birkenau, 1944.
Algunos de los aeroplanos que vinieron a *salegabetrieb* todavía tenían combustible en sus tanques. El combustible tenía glicerina o algo parecido. Los prisioneros venían a los aviones, hacían un agujero en el tanque de gasolina y bebían el líquido. Ese líquido los drogaba tanto que uno casi podía ver sus cabezas girando. Recuerdo que un día el miembro de la fuerza aérea alemana dijo: "No deben de beber ese combustible. Se van a quedar ciegos o van cometer suicidio."

"¿Por qué no pueden tomar este liquido?" pregunté.

"¡Porqué es venenoso!" dijo, explicando los efectos de los químicos.

Fui con las personas que bebían el combustible y les dije, "¡No beban ese combustible—
¡Se van a quedar ciegos!"

Los prisioneros no me prestaron atención, siguieron bebiendo el combustible. Algunos de los prisioneros se quedaron ciegos; otros murieron. A los prisioneros no les importaba. Por el momento se sentían felices y podían olvidar donde se encontraban. A este punto decidí tomar un pedazo de metal filoso e hice hoyos en los tanques de gas antes de que los aviones fueran metidos al *salegabetrieb*. A pesar de lo que hice, esos tanques todavía goteaban combustible. Pude ver a otros prisioneros juntándose alrededor de esos tanques para atrapar el combustible para que aunque fuera por sólo un ratito pudieran ser felices y olvidar su dolor.

Además de los aviones derribados, algunas veces los trenes traían otras cosas. Una vez llegó un furgón de tren lleno con papas, las que se suponía se deberían de colocar fuera del área de trabajo. Dejé el carro con "papas" sujetado y el ingeniero lo empujó hacia adentro con el resto de los carros del tren que habían llevado los aviones. El ingeniero dijo a mis compañeros que yo sabía donde se había dejado el furgón. Ellos fueron hacia donde estaba el vagón. Se metieron a gatas por las ventanas y aventaron las papas para que las personas que las esperaban afuera las tomaran.

El grupo de trabajo al que fuí asignado consistía de 30 personas, incluyendo prisioneros de guerra rusos. Los prisioneros rusos se clasificaban en rangos de sargento a general, pero los generales no trabajaban. Yo era el único chiquillo judío en esa unidad de trabajo. El *kappo* encargado era un prisionero político de Austria. Una vez, los prisioneros rusos vinieron a mí y me pidieron les dijera qué aviones tenían ametralladoras en sus alas. Empecé a señalar a los rusos que aviones eran y ya nunca más volví a pensar en ese asunto.

Continué haciendo mi trabajo de *rangermaster* conectando y desconectando los vagones del tren. Esto lo hacia todos los días. Cuando terminaba, entraba al tren y me sentaba en el cuarto del motor con el miembro de la fuerza aérea y poníamos carbón al fuego para mantener el agua caliente. Los trenes en Birkenau corrían con vapor, así que teníamos que manter el agua caliente todo el tiempo.

Un día de invierno decidí ir a la tienda de campaña del *kappo* para tomar mi sopa, ya que ahí estaría un poco más caliente. Cuando entré ví a uno de los prisioneros rusos sosteniendo algo que no me gustó. Me di la vuelta rápidamente para salirme, pero me llamaron para que regresara. "¿Que viste?" los rusos me preguntaron.

"Solmente jugaban con una pieza de metal," contesté.

Uno de los Rusos sacó una pistola que sostenía en sus manos y me preguntó. "¿Esto te parece solamente un pieza de metal?" "Ahora estás en el Grupo Clandestino ya eres uno de nosotros."

Después que ví lo que los rusos estaban haciendo con las ametralladoras tomadas de los aviones y sabiendo que podría estar en más peligro, no me quedó otra opción, y por lo tanto acepté ser miembro del Grupo Clandestino en Auschwitz-Birkenau.

Como miembro del Grupo Clandestino, mi hicieron líder al igual que a otras cuatro personas. Sabía quiénes eran mis otras cuatro personas y sabía cuáles era los otros líderes, pero desconocía los nombres de las otras personas bajo los otros líderes, por igual, ellos no sabían que personas estaban bajo mi mando. En el Grupo Clandestino, todos tuvimos que hacer un juramento: "si alguno de nosotros era capturado, nunca revelaríamos el nombre de las otras personas que pertenecían al Grupo Clandestino." El no saber que otras personas estaban involucradas era una protección más, por si acaso éramos torturados, no podíamos decirlo, ya que no lo sabíamos.

Finalmente entendí por qué los rusos me habían preguntado cuáles eran los aviones con ametralladoras. Los rusos desmantelaban las ametralladoras de las alas para fabricar pequeñas armas que pudieran ser introducidas al campo. Todos los días seleccionaban a una persona para llevar las pequeñas pistolas dentro del campo. Recuerdo el día que fuí "escogido" para tal responsabilidad.

Cuando regresábamos al campo después del trabajo, nunca sabíamos, si los hombres de la SS nos iban a registrar o si solamente nos iban a contar al entrar. A menudo pasaban muchos días sin que los hombres de la SS nos revisaran. El día que yo introduciría el arma, todos estaban siendo revisados. Había una larga fila de gente adelante de mí, no podía mostrar ningún temor. Tenía el arma en mi pantalón, escondida entre mis piernas, sabía que sí me atrapaban con esta pistola, me fusilarían inmediatamente.

En la fila había aproximadamente doscientas personas antes de mí en espera de ser revisados. Podía ver a mis amigos cuando pasaban. No tenía miedo; pero tenía el presentimiento de que algo iba a pasar. Cuando solamente habían dos o tres personas antes de mí en la fila, un montón de tipos en el otro lado a propósito empezaron a empujarse y jalarse unos con otros, creando así una distracción. Los hombres de la SS empezaron a pegarles y darles latigazos con un fuete. Durante el desorden, fuí empujado al lado opuesto del grupo y me mezclé entre la gente que ya había pasado revisión. Me dí la vuelta como si nada hubiera pasado y de repente, las cosas se calmaron. Cuando la revisión terminó, tomamos una barra de pan, se puso el arma dentro del pan y lanzamos el pan por arriba de la cerca para que el *Sonderkommando* que trabajaba en el crematorio la levantara. Había mucha gente involucrada en el Grupo Clandestino. Había una mujer polaca que trabajaba en el cuartel principal de la SS. Ella clandestinamente nos pasaba negativos de fotografías, con la esperanza de que alguien viera lo que estaba pasando adentro y vinieran a liberarnos. Nunca conocí a esta dama porque todo era muy secreto. Los hombres de la SS debieron de haberla estado observando. Un día que regresamos al campo del trabajo, la orquesta estaba tocando como de costumbre. Unas horcas se habían instalado en un espacio abierto entre las puertas del campo y las barracas. Tres personas, dos hombres y una mujer estaban parados en sillas bajo las horcas con lazos de nudos corredizos alrededor de sus cuellos y la mujer polaca era una de las personas.

Al ir entrando al área, nos dieron una rebanada extra de pan. Después tuvimos que ir alrededor de las horcas, mirando a las tres personas paradas en las sillas. Al ir pasando frente a ellos, el oficial de la SS gritaría, *"Augen rechts"* que significa, "¡Ojos a su derecha!" Después teníamos que tomar una mordida de pan. Era como sí los de la SS, nos estuvieran diciendo, "¡Nunca traten ustedes de hacer nada como esto!"

Al pasar frente a las tres personas podíamos ver que las habían toturado y apaleado. Sus orejas colgaban; estaban llenas de sangre y podíamos ver los moretones negros y azules en sus cuerpos. Sus lenguas les colgaban fuera de la boca. Las ví y me dije, ellas no nos delataron." Inmediatamente los hombres de la SS quitaron a patadas las sillas que estaban debajo de los pies de los ahorcados. Dejaron a los muertos colgando por largo tiempo en las horcaderas del área. Al toque de queda, algunos de los otros prisioneros los bajaron de las horcas y los llevaron al crematorio. Me tranquilizó que ellos no hubiesen hablado, porque hubiera sido mucha más gente la que hubiera ido con ellos a su muerte, incluyéndome a mí.

Me dijeron que los del Grupo Clandestino tenían un plan. Planeaban un levantamiento en Auschwitz. El pequeño grupo del que yo estaba encargado íba a participar peleando con lo que pudiéramos encontrar o capturar a uno de los hombres de la SS. Me dijeron que algunos de los hombres del *Sonderkommando* habían podido obtener armas de los guardias de la SS yendo a las torres de vigilancia con relojes de oro que habían obtenido en el Kanada, que era el área en el campo donde los prisioneros juntaban toda la comida, ropa y objetos de valor. Después eran llevados a la bodega para ser separados y almacenados.

El hombre del *Sonderkommando* llamaría al guardia en la torre y diría, "¿Oye no es un reloj hermoso?"

El guardia en la torre miraría hacia abajo y diría, "¿Porque no lo lanzas al aire?"

Uno de los prisioneros en tierra diría, "Oh no, si lo avientas para arriba y no lo cachas se va a dañar. "¿Por qué no bajas aquí?" El guardia sin saber que es lo que estaba pasando, bajaría de la torre para ver el reloj. En este momento era cuando el *Sonderkommando* se pondría detrás del guardia y le cortaría la garganta. Otros prisioneros me dijeron que de esta forma, los prisioneros se podían apoderar de la ametralladora del guardia para ser usada en el levantamiento y tener mejor oportunidad de escapar.

En realidad, nadie sabía con exactitud cuando el levantamiento principal iba a suceder. Sin embargo, los del *Sondercommando* se enteraron que todos ellos iban a ser enviados a las cámaras de gas. En Octubre 7, 1944, el levantamiento empezó en Birkenau. Se suponía que el levantamiento empezaría simultáneamente en Auschwitz y Birkenau; pero cuando los miembros del *Sondercommando* se enteraron que iban a morir en las cámaras de gas, decidieron empezar el levantamiento con el propósito de combatir contra los alemanes y morir con dignidad.

El levantamiento parecía una guerra. Los tanques alemanes estaban por todas partes. Todos los miembros del *Sondercommando* fueron asesinados. Durante la pelea un *Sondercommando* logró destruir un crematorio y una de las cámaras de gas. Mucha gente no sabía lo que estaba pasando durante el levantamiento, pero escucharon la balacera y supieron que algo sucedía. Después tan pronto como empezó, el levantamiento se terminó. La insurrección solamente duró una hora a lo máximo. Después del levantamiento nos vigilaban muy de cerca. Ya no tuvimos más levantamientos. Fue como cortar las alas de nuestro propio cuerpo; ya no se podía hacer absolutamente nada más.

Todo este tiempo, seguían transportando gente a Auschwiwtz-Birkenau. Como yo trabajaba en el *salegabetrieb* podía ver a la gente dentro de los furgones. Aún con la gente adentro, tenía que desenganchar los furgones y separarlos de los vagones de plataforma que traían los aviones. Al caminar alrededor de los furgones, la gente gritaba por la ventanita, "¿En dónde estamos?" No podía responder a sus preguntas. No tenía permitido decir nada y yo nunca sabía donde estaban los hombres de la SS. A menudo, cuando los trenes llegaban al campo, muchos miembros de la SS venían en ellos, aunque por lo general ellos se quedaban en el área pequeña de observación de los trenes. Como no podía decir nada, trataba de decirles con mi expresión facial que algo no estaba bien.

21

Mañana Será Un Día Mejor

Soñando en libertad en Birkenau, 1944. Ver todo lo que sucedía en el campo de concentración era muy, muy duro para mí. Siempre estaba tomando notas en mi cabeza. Sabía que un día iba a ser libre y contaría mi historia. Siempre decía, "Pueden toturar mi cuerpo, pero nunca podrán matar mi espíritu. Soy una persona libre y sobreviviré."

Siempre estaba soñando y fantaseando acerca de la libertad y hablando con mis amigos del tema, tratando de levantarles el espíritu. Recuerdo que una noche antes del toque de queda, estábamos parados en circulo, afuera de la barraca, miré hacia el cielo, les dije, "¿Oigan amigos, ven como las hermosas estrellas nos iluminan? Vean a su izquierda y verán que hay nubes negras." Y ahí paré.

Mis amigos dijeron, "¿Y es eso todo?"

Solamente dije, "Mañana." Entonces regresamos a nuestra barraca.

Al siguiente día, caminamos al mismo lugar. Los chicos dijeron, "Uh-oh, Mike nos va a contar otra historia."

Dije, "¿Recuerdan las estrellas hermosas y las nubes negras? Esas estrellas estaban viajando lentamente y sacaron fuera a las nubes negras. Ahora, todo brilla sobre nosotros. Mañana va a ser un día mejor." Contándoles historias, era como acostumbraba a levantarles el espíritu.

Otras veces parados afuera observábamos a los pájaros viniendo a buscar comida en el suelo. Los pájaros era libres—nosotros no. Observaba a esos pájaros volando saliendo y entrando, nunca se quedaban por mucho tiempo en tierra, porque la gente los podía capturar, destajarlos y comerlos. Siempre me pregunté, "¿Qué es lo que recogen que nosotros no vemos?" Me dirigí a mis amigos que estaban a mi lado. "Miren a esos pájaros," comenté. "Vienen y van, nadie les pregunta que hacen por aquí. Nadie les pide una identificación—son libres. Creo que me voy a convertir en un pájaro."

Al alejarme caminando, mis amigos me dijeron, "Mendel, estás loco." No les puse atención. Entré a la barraca, me recosté en una litera y cerré los ojos. Fantaseaba que era un pájaro, y que ¡volaba hacia afuera! Me decía, "Voy a volar por todo el mundo." ¡El mundo era tan hermoso! Cuando abría los ojos de nuevo estaba en el mismo ambiente; pero por esos pocos momentos, estuve libre. Era una magnífica sensación, ¡simplemente magnífica!

Pocos días después, de nuevo estábamos parados afuera y podíamos ver el ferrocarril viajando de arriba para abajo sobre las vías del tren. En las vías había furgones y carros de plataforma. Dije a mis amigos, "Echen una mirada y observen la libertad conque el tren se mueve en las vías. Creo que me voy a convertir en un tablón de madera y ser parte del tren de pasajeros y viajar," y me alejé.

Al alejarme caminando ellos dijeron, "Mendel se está saliendo de sus casillas." Pensaron que había perdido mi mente. Pero no les presté ninguna atención.

Entré a la barraca, de nuevo me recosté en la litera y cerré los ojos. Pretendí haberme convertido en un tablón de madera y me transformé en un carro del tren. Era parte del carro de pasajeros y miraba a través de la ventana mientras viajaba en el tren. Viajé por todo el mundo. Podía ver a la gente caminando y niños jugando con sus padres y madres, sonriendo y riendo mientras estaban en un día de campo—¡era tan hermoso! De nuevo era libre y podía olvidar mis problemas por esos pocos momentos. Cuando abrí los ojos mis amigos estaban parados a mí alrededor, observándome. "¿Por qué estás sonriendo tanto?" me preguntaron. "¿Qué te hace tan feliz?"

Los miré. "¡Amigos no lo creerían! fue hermoso—viajé por todo el mundo, ¡era libre!"

Soñando acerca de la libertad era realmente lo que me mantenía adelante. Era muy importante que nunca dejara que las cosas que pasaban a mi alrededor me llegaran tan adentro. Si lo permitía sería una persona muerta. Sabía que estaba vivo y que sobreviviría siempre y cuando no me metieran a una cámara de gas o me fusilaran. A mis amigos les decía, "Siempre piensen positivo—nada negativo. Mañana sera un día mejor."

Otra gente en el campo preguntaba, "¿Cómo es que Dios permitió que esto nos pasara?" Esta gente abandonó su fe, y cuando lo hicieron, su estructura se cayó por completo. Para mí no importaba que tan mal fueran las cosas, siempre mantuve mi fe. Recuerdo estar recostado en mi litera y cerrar los ojos. Soñaba en tener una conversación con Dios. Discutía con Dios de esto y lo otro.

Recuerdo que una vez abrí los ojos y tenía una gran sonrisa. Mis amigos me miraron y me dijeron, "¿Oye, por qué estás tan contento?"

"No me lo creerían," les dije. "Tuve las más acaloradas discusiones con Dios."

Mis amigos sólo me miraron. "Vámos," dijeron, "Dios no te escucharía de ninguna forma."

"Míren," contesté, "Dios sí me escuchó, porque le entregué mi corazón, y pueden ver, todavía estoy aquí. Si abriera mi corazón a ustedes, no me escucharían porque tenemos los mismos problemas y angustias. Sí abriera mi corazón a los miembros de la SS, me matarían. Así como oyen, Dios es el único que siempre me escuchará." Siempre tenía los mejores sentimientos después de mis discusiones con Dios. Me sentía tan relajado y bien. ¡Estaba muy lejos y era libre!

Desde el principio de la guerra, no nos permitían rezar en nuestras sinagogas, ni tampoco era permitido cuando nos llevaron a los campos de concentración. Un día en Octubre o Noviembre, la mayoría de la gente religiosa estaba rezando calladamente y se posicionaban hacia el Este, lo que es tradicional en el judaísmo, con el propósito de mirar hacia Jerusalem. Inclusive algunas de las personas que no eran judías también se hincaban en las literas y rezaban, los domingos especialmente.

Nunca prestaba mucha atención a esto, pero recuerdo en particular a un hombre hincado y rezando. Creo que debió de haber sido católico, tenía un rosario en sus manos. No sé como lo consiguió, quizá a través de uno de sus amigos. Quizá este hombre era un sacerdote. De repente cuando rezaba, el comandante de la SS encargado de las barracas entró a la habitación. Todos nos juntamos alrededor del hombre, entremezclándose y platicando como si nada estuviera pasando y las personas más cerca a él le rogaban, "Por favor levántate— aquí está el comandante."

El hombre no se levantó. Estaba demasiado sumido en sus oraciones, tanto que no oyó las súplicas o no le importó. El comandante sospechó algo, porque por lo general siempre que entraba en la barraca, todo mundo se esparcia en diferentes direcciones; pero esta vez, se quedaron donde estaban. El comandante con su garrote en las manos, empujó a toda la gente a un lado hasta que llegó al centro de la barraca, donde el hombre estaba rezando. El comandante le pidió al hombre que se levantara. Puedo ver la escena como si fuera hoy; el hombre nunca levantó la cabeza. El hombre tenía sus manos juntas sobre el rosario, todavía rezaba. El oficial de la SS empezó a gritarle para que se levantara. Cuando el hombre no se movió, el oficial de la SS lo golpeó a muerte con su garrote. Los miembros de la SS nunca tenían que tener una razón para toturarnos o apalearnos. Eran muy sádicos en cada tipo de torura que realizaban. Recuerdo a un hombre que sacaron de la barraca sin ninguna razón. Lo llevaron al Block 11, estirado boca abajo en una mesa y le dijeron que le iban dar cincuenta latigazos con un fuete. Le pidieron que contara cada golpe. Sí se equivocaba en la cuenta, los golpes empezarían de nuevo. El hombre de la SS empezó los latigazos y el hombre al que pegaban empezó a contar, "1...2...3...4...5...10..." Este hombre se equivocó y los latigazos empezaron de nuevo. Para cuando habían terminado, la espalda de ese hombre estaba cubierta con terribles heridas. Después que terminaron el hombre de la SS le puso sal por toda la espalda. El hombre gritaba de dolor porque la sal lo quemaba a muerte. El miembro de la SS salió del lugar y entonces llevamos al hombre golpeado a las barracas. Tratamos de sacar la sal lavándole la espalda, pero murió.

Nadie se podía escapar de las palizas de los de la SS. Un oficial de la SS que le gustaba matar gente, siempre estaba parado en frente a la puerta de salida para ir a *salegabetreib*. Era quien vigilaba la puerta para que nadie escapara. Este hombre de la SS era un sádico y daba patadas a los hombres en el lugar donde les dolería más, justo entre las piernas. Cuando estábamos parados en la fila, caminaba en círculo a nuestro alrededor hasta que seleccionaba a alguien. Parado frente al hombre que había seleccionado, lo pateaba en la ingle. Típicamente el hombre caería de rodillas debido al dolor.

Después el guarda empujaba al hombre para ponerlo de espaldas y lentamente ponía su bota pesada en la frente de su victima, después lentamente, muy poco a poco, empezaba a bajar su bota por la cara del hombre hasta llegar a la barbilla. Paraba en la garganta del caído donde empezaba a poner presión lenta, pero muy lentamente. Podíamos ver como la lengua se iba saliendo de la boca y los ojos llenándose de sangre. Finalmente el hombre moría.

Este hombre de la SS también me golpeó. Un día me seleccionó, se paró frente a mí y me pateó. No sé si me tomó un segundo o un minuto o cien años, pero sabía lo que vendría. Cerré los ojos y esperé. En el momento que sentí el movimiento de su pié hacia mi, metí mi estómago hacia adentro y cerré las rodillas mientras me pateaba. Cuando vió que no caí de rodillas, se alejó. Así es cómo solamente siendo un adolescente tenía que vivir día a día, sin saber si estaría vivo al otro día.

Nunca me puse de rodillas, porque no le quería dar la satisfacción de matarme. Si me hubiera puesto de rodillas, me hubiera matado con su bota en mi garganta, igual que a los otros hombres a los que lo ví patear. Por ningún motivo podía mostrar ninguna emoción; hubiera sido asesinado!

Todo el tiempo me sentí mal por los que eran lastimados y eventualmente morían, pero no me podía involucrar emocionalmente. Tenía que cuidar a mis amigos y a mí mismo. Trataba de ayudar a mis amigos de cualquier manera que podía, levantándoles la moral y compartiendo con ellos lo que yo podía organizar. Todo lo que podía encontrar, lo compartía con ellos.

22

Te Voy a Ayudar

Romance en Birkenau, 1944. Siempre pensé que sí podía ayudar a la gente, no me iba a aprovechar de ellos. Me preocupaba por la gente, tenía sentimientos por el ser humano y yo, después de todo lo que había pasado, tenía que vivir conmigo mismo. Recuerdo el día en que intercambié una moneda de oro de diez dólares que había conseguido de algunos tipos cuando trabajaba en el Kanada. Los hombres me trajeron la pieza de oro y me preguntaron si yo la podía usar para comprar algo de vodka, cigarros, y tocino. Acostumbraba a charlar con el ingeniero polaco que llevaba los trenes cargados con los aviones derribados a la entrada de Birkenau. Como el ingeniero no podía entrar al campo, por lo general sosteníamos hermosas conversaciones justo a la entrada del campo, cuando el miembro de la fuerza aérea alemana lo reemplazaba.

Me tomó un poco de tiempo, pero convencí al ingeniero para que me cambiara la moneda de oro de diez dólares por 300 cigarros. Regresé con mis amigos y les conté que había intercambiado la moneda de oro por 100 cigarrillos. Ellos se alegraron. Hice 200 cigarrillos en el trato. Gracias a Dios nadie me revisó cuando regresé al campo. Distribuí mis 200 cigarrillos uno a uno a los otros prisioneros. Yo no fumaba. Recuerdo como sí fuera hoy a un tipo que le dí un cigarro. Pocos minutos después regresó a verme y dijo, "Aquí está mi ración de pan—dame otro cigarro."

Lo miré y dije, "¡De mí ya no obtendrás otro cigarro! Si puedes regalar tu pieza de pan, de mí ya nunca más obtendrás otro cigarillo."

Un día en camino a mi trabajo de *rangermaster* en el *salegabetrieb*, me percaté que un hombre de la SS iba caminando detrás de mí. Empecé a caminar más rápido. Tenía un mal presentimiento en mi estómago de que algo me iba a pasar porque este hombre de la SS caminaba muy cerca de mí. Llegué al tren y cuando subí los escalones en el vagón del motor, el hombre de la SS me dio fuetazos en la cara. La sangre me salió a montones. Me giré hacia el y el hombre de la SS me preguntó, "¿que te pasó?"

Tuve que pensar rápidamente. Sabía que acabaría conmigo, sí yo respondía "me pegaste."

"Resbalé y me pegué en la cara al bajar los escalones del vagón donde está el motor," le dije.

El hombre de la SS me miró de nuevo, se dio la vuelta y se alejó. Cuando me limpié la sangre de los ojos, me dije, "Estoy bien, tengo mi ojo." Tenía miedo de que lo hubiera perdido.

El miembro de la fuerza aérea alemana con el que yo trabajaba en el *salegabetrie* me preguntó, "¿Por qué te hizo eso?" Supongo que se sintió mal por lo que el oficial de la SS me había hecho.

Ya que trabajaba con aluminio, diseñé seis grapas para detener el terrible sangrado en donde el látigo me había lastimado la piel más profundamente. Doblé las grapas en forma de "U" con afiladas puntas. Fuí con mi amigo y le dije, "¿Por favor puedes ponerme tres grapas arriba de mi ojo y tres abajo?" Mi amigo no lo quería hacer, porque me dolería. "No te va a doler a tí, me va a doler a mí," dije. "Por qué no solamente sostienes las grapas en el lugar   correcto para que yo las empuje dentro de mi piel para cerrar la herida, porque no la puedo ver."
 Fijé tres grapas abajo y tres arriba de mi ojo, mientras mi amigo mantenía la piel unida.

Los de la SS tenían una rutina para revisar a los que regresabámos de nuestras obligaciones de trabajo en el campo. Mientras la orquesta tocaba cuando entrábamos al campo
los hombres de la SS señalaban con sus dedos y anotaban el número de aquellos que regresaban con heridas. En la noche, después que nos daban nuestras raciones, la SS venía a nuestras barracas, llamában el número de la persona herida y a esa persona no se le volvía a ver nunca más. Cuando me acerqué a la entrada del campo, aparenté que me limpiaba la cara como si estuviera sudando. Si hubieran visto mi herida, me hubieran señalado, y hoy en día no estaría aquí contando la historia. Una vez más sentí que "Alguién" allá arriba me estaba cuidando y debería de sobrevivir para contarlo.

Recuerdo un día después del levantamiento. No recuerdo exactamente que día—en el campamento, un día era un mes, y un mes era como un año. Al lado del campo "D" había otro campo, donde estaban los gitanos. Un día cuando regresé del trabajo el campo estaba vacío porque habían sacado a los gitanos para llevarlos a las cámaras de gas. La SS había llevado muchísimas mujeres del hospital al campo de mujeres dentro del campo de los gitanos, porque el hospital estaba demasiado lleno. Cuando regresé del trabajo ese día, ví un montón de hombres caminando de arriba para abajo en la cerca. Como era antes del toque de queda, decidí ir para allá para ver que pasaba. Caminé de arriba para abajo por la cerca, con la esperanza de ver algunos amigos de Konin, o quizá a una de mis hermanas o primos. Sabía que todos ellos habían muerto en Treblinka— pero pensé que quizá algunos de ellos habían sido seleccionados para ser enviados a Auschwitwz-Birkenau. Con el deseo de ver a alguien que yo conociera, todos los días después de mi trabajo iba hacia la cerca. Un día vi a una chica más o menos de mi edad caminando de arriba para abajo del otro lado de la cerca. La llamé para que se aproximara a donde yo estaba. Su cabeza estaba completamente rapada. "¿Que haces aquí?" le pregunté.

160

"Había demasiada gente en el hospital del campo de mujeres. Ya que había barracas vacías en el campo de los gitanos, los de la SS nos trajeron aquí," ella me dijo.

"¿De dónde eres?" le pregunté.

"Lodz," dijo ella.

"Te voy a ayudar," le dije: Saqué un paquete de cigarros de mi bolsillo y se los aventé por arriba de la cerca. Ella se agachó y los levantó. Le dije a la chica, "Cuando regreses a la barraca, entrégale unos cuantos cigarros a la *Blockeltester* [mujer encargada de la barraca.] Mira, esto es muy importante: no le permitas ver la cajetilla completa. No le des más de cinco. Díle que mañana a través de un amigo, conseguirás más"

Le dije esto por una razón. Cuando los de la SS seleccionaran gente, si ella fuese seleccionada, la *blockelstester* les diría a los de la SS, "No, no se la pueden llevar. Ella es buena trabajadora. Por ahora la necesito." Porque la *blockeltester* sabía que al día siguiente podía conseguir más cigarros de la chica. Era muy difícil conseguir cigarros y eran un artículo de consumo extremadamente valioso.

Empecé a ayudar a la chica de otras formas también. Por arriba de la cerca le lanzaba, pan, cigarros, y también salami cuando lo conseguía. Un día la mire a los pies de la chica y ví que usaba zuecos (los zapatos que usan en Holanda) y es muy difícil caminar en ellos. Fui hacia la *blockeltester* en mi barraca y dije, "Necesito unos zapatos para mujer. Te daré una cajetilla de cigarros a cambio." Me trajo un par de zapatos. Ella dijo, eran los "zapatos de mi abuela," son del estilo de zapatos que se amarran hacia arriba y son altos.

Llevé los zapatos a la chica y se los lancé por arriba de la cerca. Esos zapatos empezaron un tremendo romance. Todos los días, apenas podía esperar para regresar al campo para verla en la cerca. Nunca nos podíamos tocar. Nos separaba una cerca de púas electrificada, pero eso no detuvo nuestro romance. Es muy difícil explicar los sentimientos que tenía por ella. Era tan difícil estar en el campo—nunca sabiendo de un día para otro si yo iba a sobrevivir, o sí la íba a ver al día siguiente.

Un día le dije, "Tengamos un romance y pretendamos que no estamos en este campo. Soñemos que vamos caminando en el parque tomados de la mano. Ahora estamos sentados en una banca, y ahora vamos de regreso a casa," ¡Lo sentimientos eran tan hermosos.! Al siguiente día no podía esperar el regreso de mi trabajo, para ir a la cerca, y verla. De nuevo fuimos al parque, pero esta vez estábamos sentados bajo un árbol. Las hojas hacían música y los pájaros cantaban. Todo parececía tan real, que por completo olvidé que estaba en el campo de concentración!

Al siguiente día nos encontramos en la cerca y empezamos a hablar de cuando fuéramos libres. Prometimos encontrarnos, casarnos, y empezar una nueva familia. Sabía que nunca podría tenerla en mis brazos, pero era hermoso—tenerla en mis brazos era mi fantasía! Día a día nos encontrábamos de esta forma, hasta que fuimos separados por la Marcha de la Muerte. Creo que este romance nos mantenía adelante ya que nunca sabíamos de un día al siguiente que era lo que iba a pasar. Todavía podía compartir mis sentimientos con alguien, aún cuando estábamos en ese terrible lugar. Hoy en día todavía puedo ver su rostro.

23

Mantenía Mis Piernas en Movimiento

La Marcha de la Muerte, Diciembre 1944–Enero 1945. Del otro
lado del campo de Birkenau, algunos de los hombres de la SS vivían con
sus familias. Había edificios en Birkenau que en sus techos tenían grandes
cruces pintadas de rojo. Un amigo mío del Grupo Clandestino fue asignado
a trabajar en un grupo que diariamente limpiába el área. Sus tareas incluían
barrer los edificios y cortar el césped. "Mi amigo le contó al Grupo
Clandestino y ellos me lo contaron, "Los edificios con cruces rojas no son
hospitales del complejo; los usan para almacenamiento de municiones."
Entonces nosotros pasamos la información al Grupo de Resistencia, los que
notificaron a Inglaterra acerca del uso de los edificios para almacenar
municiones.

En el día de Navidad, podíamos ver aviones en formación de
"V"sobrevolando. Los Nazis dejaron escapar una pantalla de humo sobre
el campo. El rumor era que los americanos volaban durante el día y los
ingleses en la noche. Los nazis nos reunieron a todos en un solo lugar
donde estábamos trabajando. Nos teníamos que tirar al suelo boca abajo
con los brazos estirados sobre nuestras cabezas. Escuchamos tremendas
explosiones. Cayeron bombas en el campo. Una bomba cayó en el Campo
"A." Otra bomba cayó al otro lado del campo, pero ninguna explotó. Creo
que ese día Dios nos estaba cuidando —cientos de prisioneros hubiesen
muerto si cualquiera de las bombas de 500-libras hubiera explotado.

Después del bombardeo, los nazis nos hicieron marchar de regreso
al campo. Íbamos cantando canciones rusas mientras marachábamos,
estábamos tan contentos. Los oficiales de la SS estaban furiosos con
nuestros cantos. Le llamaron la atención al jefe *kappo*, que casualmente
era un prisionero alemán diciéndole a gritos, "¿Cómo puedes dejarlos
cantar cuando a nuestros soldados los estan matando?" Los de la SS
apalearon al *kappo* con sus fuetes. Estaban tan enojados que esa noche no
nos dieron nada de comer. Realmente ni nos importó; nuestros estómagos
estaban llenos de alegría esa noche, tanto que olvidamos nuestra hambre.

En Enero, 1945, sabíamos que la guerra estaba llegando a su fin.
Los rusos llegaban en grandes números y lo nazis estaban perdiendo. La
mayoría de los nazis ya habían huído. En enero 18, todos los prisioneros
en el Birkenau fueron reunidos y llevados al campo principal, en
Auschwitz. Esperamos ahí hasta que alguien dijo que todos íbamos a irnos
de ese lugar. En realidad, era como la una de la madrugada antes de que
pudiera dejar Auschwitz. Hoy en día unos de mis amigos discuten

conmigo, dicen que no puede ser que hayamos salido el día 19. Mi respuesta a ellos siempre es, "Quizá tu saliste el 18, pero yo estaba hasta atrás en la fila. Yo salí el 19."

Me dijeron que éramos 60,000 prisioneros los que salimos de Auschwitz-Birkenau entre el 18 y el 19 de Enero de 1945. Nos hicieron marchar rápidamente. Cubrimos treinta-cinco kilómetros, cerca de veintiun millas al día, en la nieve y el frío de las montañas de Silesia. A pesar de que la mayoría de la nieve ya estaba endurecida, era difícil caminar sobre ella. En algunos lugares la nieve estaba blanda y nos hundíamos en ella. Tuve mucha suerte, porque usaba zapatos de civil y se afirmaban mejor a mis pies y la nieve. Gente con zapatos de madera tenían mucha dificultad para caminar. Algunas veces su zapatos abrían paso en la superficie de la nieve pero se quedaban atorados. Cuando esto sucedía tenían que parar y desenterrar sus zapatos de la nieve y ponérselos de nuevo. Muchas veces se atrasaban sí se sentaban a ponerselos. Los oficiales de la SS baleaban a los que se quedaban atrás. Otros estaban muy débiles para caminar y ya no podían seguir; asimismo, muchos de ellos se daban por vencidos y los oficiales de la SS también los fusilaban. Estas personas no eran asesinadas con balas simples, pero con balas de expansión. Las balas de expansión tienen las puntas cortadas, así que cuando baleaban a una persona, su cabeza se partía en pedacitos. Miles de personas fueron asesinadas con este tipo de bala. La nieve al lado del camino no era blanca, sino roja con toda la sangre de los prisioneros asesinados y sus cabezas hechas pedazos.

Todo el tiempo que marchábamos, me acordaba de la chica que ayudé en el campo de los gitanos. Me la pasé buscando los zapatos de abuela por las orillas. No quería encontrar los "zuecos," pero quería saber si ella había sobrevivido a la marcha. Nunca ví esos zapatos de abuela, así que solamente podía tener la esperanza de que ella estuviera bien.

A un punto, un poco después de haber salido de Auschwitz hacia la Marcha de la Muerte, de repente los nazis hicieron que nos saliéramos del camino, que fuéramos a los campos, y nos recostáramos en el suelo. Escuchamos balazos. Cuando los balazos pararon, nos hicieron regresar al camino y continuar la marcha.

Marchamos por días. Llegábamos a un pueblito y parábamos por la noche. Algunos de los prisioneros dormían en el granero; el resto de nosotros teníamos que dormir afuera en el frío. Finalmente después de varios días de marchar, llegamos a una ciudad que tenía una estación de tren. Había trenes carboneros abiertos que nos esperaban. Los hombres de la SS nos empacaron en estos vagones, estábamos uno sobre otro; como tablas de madera hasta que quedamos empacados muy apretadamente. No nos podíamos mover mucho, ni sentarnos. Quedamos parados hombro con hombro; en realidad hacía mucho calor, por el calor de los cuerpos. La nieve caía sobre nosotros al caminar del tren. Teníamos poca comida, pero si suficiente agua—nieve. Solamente la sacábamos de las espaldas de otros para tomarla.

Viajamos en los carros de carbón por varios días. ¡Quién sabe por cuanto tiempo—no teníamos un calendario! Viajamos de una ciudad en Polonia a Viena, Austria. Cuando entramos a Viena los hombres de la SS empezaron a cantar *"Wien, Wien, nur du allein"* [Viena, Viena tú eres la única]. Estaban muy felices, muy felices de estar en Viena. No nos quedamos mucho tiempo en Viena, pero viajamos al oeste hacia Linz, Austria y después a una pequeña estación de trenes en una colina. Salimos de los carros carboneros y teníamos que caminar hacia una colina cubierta con mucho hielo. La gente con zuecos no podía subir la colina; constatemente se resbalaban hacia abajo. Cuando se retrasaban, los oficiales de la SS los fusilaban. En la punta de la colina estaba la entrada para el campo de concentración Mauthausen.

Cuando la Marcha de la Muerte empezó, me dijeron que unos 60,000 prisioneros salieron de Auschwitz al mismo tiempo que yo. Cuando marchamos hacia el campo de concentración en Mauthausen, me dijeron que sólo quedabamos como unas 24,000 personas. Más de 36,000 personas de Auschwitz murieron de cansancio, de hambre o fueron fusilados por los hombres de la SS en la Marcha de la Muerte.

La primera cosa que sucedió cuando entramos al campo de Mauthausen, nos echaron a las regaderas. Salió agua caliente. El agua se sentía tan bien, porque nuestros cuerpos estaban congelados de estar afuera en el frío por tan largo tiempo. Salimos de las regaderas y esperábamos ropa. Nunca nos la dieron. Tuvimos que caminar completamente desundos hacia una pequeña barraca—aproximadamente 400 de nosotros empacados en ese cuartito. Dormimos en el suelo de pies a cabeza y de los pies a la cabeza como sardinas. No había calefacción en la habitación. Mantuvimos calor por por el calor de los cuerpos de las otras personas. Dormíamos así hasta la mañana siguiente.

Los oficiales de la SS nos despertaron y nos hicieron salir del dormitorio para pasar la lista—completamente desnudos. Diez o quince grados centígrados bajo zero. Algunas personas murieron ahí mismo, se quedaron como estalactitas congeladas. Si ellos veían que te movías, el hombre de la SS te daba puñetazos hasta morir, "Les dije a mis amigos, hay que golpearnos entre nostros."

Mis amigos dijeron, "Estás loco—si ellos ven que nos estamos pegando entre nosotros, nos golperán a muerte."

Dije, "No me voy a congelar como una estalactita y morir."

Había sido un buen gimnasta, movía mis pies de un lado al otro en la nieve. Ellos no podían ver mi torso moviéndose. Mis movimientos mantenían mi sangre circulando y me mantenía caliente. Estaba determinado a no darle al oficial de la SS la satisfacción de verme morir. Mantenía mis piernas en movimiento. Cuando los hombres de la SS se acercaron a mi, me mantuve quieto y atento. Cuando se alejaron, froté mis pies en la nieve de nuevo para mantenerme caliente.

Una noche el comandante de la SS vino a la barraca y dijo, "¡Todos levántense!" Todos nos paramos. Pensé para mí mismo, "Ahora tenemos problemas." Podíamos oír bombas que caían, sabía que alguien estaba muy cercano al campo. Pensé que nos iban a sacar y matarnos. "¡Todos de pie!" el comandante gritó. "¡Están durmiendo muy comfortablemente! Quiero a todos en la pared y sentados, estiren las piernas, y ahora ustedes van a dormir sentados entre las piernas de otros."

La letrina estaba al otro lado de la barraca. Cuando teníamos que usarla, teníamos que pisar sobre la gente que estaba en el suelo. Todo el mundo estaba gritando, ¿pero que otra opción teníamos? En una área de la letrina había ropas almacenadas en un estante. Sin embargo, el estante estaba detrás de unas rejas. Cuando fuí a la letrina, el cuidador que se aseguraba que hiciéramos nuestro "asunto" apropiadamente, estaba dormido. Ví las ropas, muy calladamente las alcancé y cuidadosamente las bajé. Tuve mucha suerte—saqué una camisa y unos pantalones. Rápidamente me puse la ropa y regresé al otro lado de la barraca.

En la mañana, el *blockeltester* entró y dijo, "Gente con ropa irá a la cocina a traer comida a las barracas." Algunos de los prisioneros que habían llegado al campamento antes que nosotros tenían ropa. Levanté la mano y fuí a la cocina por sopa. Cuando regresé de la cocina, dije a mis amigos, "Vengan primero en la fila, y cuando terminen con su sopa, regresen a la fila por más. Cuando regresen la segunda vez, no pondré atención. Sí alguien dice algo, diré, "No sé de qué hablan." Siempre compartía todo con mis amigos. Nunca guardé cosas solamente para mí.

24

Realmente Ya No Importaba Que Hora Fuera

Yendo a Gusen II y Me Convierto en Maquinista – Enero-Abril, 1945. El llevar ropa me daba el privilegio de dormir en una litera en lugar de dormir en el suelo de la barraca. El *blockeltester* encargado de la barraca tenía su propio cuarto donde dormía. Todos los que teníamos ropa y trabajábamos en las barracas, dormíamos en una litera cerca de la habitación del *blockeltester*. Había un casillero en el cuarto del *blockelstester* donde almacenaba pan extra que compraba. En la noche, después que todos estaban dormidos, yo íba al casillero, cuidadosamente lo abría y tomaba algo de pan. Todavía seguía siendo bueno en "organizar," llevaba el pan para compartirlo con mis amigos. "Coman rápido antes que alguien nos vea," les decía.

Una mañana el *blockeltester* dijo, "Alguien está robando el pan." Nadie dijo nada, así que el *blockeltester* puso una trampa en la cerradura para atrapar al "ladrón." Puso un montón de cucharas en lo alto del casillero para que cuando el casillero se abriera, las cucharas se cayeran, hicieran mucho ruído y entonces se despertaría. Lo ví cuando puso su trampa, así que sabía que esperar. Cuando abrí el casillero esa noche, estaba listo para cachar las cucharas. Esas cucharas nunca hicieron ruido, y el nunca supo quien estaba robando—es decir: "organizando "— el pan!

Pocas semanas después de haber llegado al campo de concentración de Mauthausen, estábamos sentados en la barraca cuando entró el comandante de la SS. "¿Qué profesiones tienen?" preguntó.

Nunca en mi vida había sido maquinista, pero instintivamente concluí que buscaban maquinistas, por lo tanto los maquinistas tendrían una mejor oportunidad de sobrevivencia. Rápidamente levanté mi mano y dije, "Yo soy maquinista."

Días más tarde, el comandante de la SS regresó a la barraca y dijo, "¡Todos los maquinistas repórtense!"

Nos reportamos al comandante, nos dieron uniformes, y caminamos hacia otro campo. Este era un campo sub-satélite con diez o doce mil personas adentro. El campo se llamaba Gusen II.

En Gusen II, nos daban una barra de pan para ocho personas. Yo era quien dividía el pan. Cuando cortaba el pan, era difícil cortar el pan exactamente en partes iguales. Una parte siempre era más grande y otra más pequeña. Recuerdo como sí fuera hoy día, en mi grupo, había un padre e hijo. Cuando repartía el pan, aparentemente había un pedazo que era mas grande. El hijo arrancaba de las manos de su padre el pedazo más grande y decía, aquí está mi pedazo es más pequeño. Tú no lo necesitas. Quiero sobrevivir."

Me enojaba tanto. No lo podía entender. El hijo era joven y su padre era un hombre mayor. Le dije al hijo, "Sí yo tuviera a mi padre aquí, no solamente le daría la porción más grande, si no también mi porción."

Me dije a mí mismo, "Esto no vuelve a pasar ya más."

Al día siguiente, dividí el pan en ocho porciones y le dije a un chico, "Voltea. ¿A quién le debo de dar esta porción de pan?" De esta forma, nadie nunca sabría de que tamaño eran las porciones de pan.

De nuevo esperamos varios días, hasta que los oficiales de la SS vinieron por nosotros; abordamos un tren de furgones, y emprendimos el viaje. No sabíamos a donde íbamos hasta que paramos en frente de una montaña. Bajándonos de los furgones, se abrió una puerta que nos llevó a uno de los túneles dentro de la montaña. Estos túneles eran millas de largos e iban en diferentes direcciones. Caminamos dentro de los túneles. ¡Estos túneles eran hermosos! Había una fábrica dentro de esta montaña. Estoy seguro que los aliados tenían conocimiento que estas fábricas estaban ahí, pero estaban tan en lo profundo en la base de las montañas, que sabían que ninguna bomba pasaría a través de las mismas.

Una vez adentro me pusieron en frente de una mesa con un marco y unas hojas de aluminio. Me dieron un soplete y una antorcha de soldador. Los mire y pensé," ¿Qué voy a hacer con estas cosas?" Nunca en mi vida las había visto, pero aprendí muy pronto a ser uno de los mejores maquinistas que ellos hubieran podido encontrar. Si no lo hacía, hubiera sido fusilado.

Pronto supe lo que estaba haciendo. Era el *shot vant* para los aviones *Messerschmitt* de la fuerza aérea alemana. El *shot vant* es la pared que divide la cabina del piloto de la cola del avión Messerschmitt. Mi trabajo era hacer esta pieza para la parte trasera del fuselaje del avión. Soldaba la lámina de aluminio a la estructura del avión. Depués hacia tres agujeros en la lámina para que los alambres de la cabina pudieran pasar por los agujeros hacia las aletas traseras.

Cada parte que era terminada era inspeccionada por uno de los hombres de la SS o un inspector civil. Las piezas siempre tenían que estar perfectas. Los agujeros tenían que estar cortados en el lugar marcado en la placa de aluminio y la placa debería ser soldada muy apretadamente a la estructura del avión. Hice este trabajo día tras día. La fábrica estaba lejos de Gusen II, y siempre viajábamos por tren. Cuando salíamos de la fábrica en la tarde, trataba de estar en uno de los primeros furgones para que pudiera ser el primero en la fila de la sopa, esperando poder regresar por una segunda vez. No fallaba, siempre era el primero en la fila.

Un día, que estaba soldando y cortando el aluminio, un tipo vino hacia mí y me dijo, "Muéve" Levanté mi silla y me moví. De nuevo, dijo. "Mueve" moví mi silla a su lugar original. Pensé que era un *kappo* sin su banda de identificación en el brazo. Finalmente, dijo, "No quiero que muevas tu silla, quiero que muevas esos agujeros."

Lo miré y le dije, "Estás loco, si muevo esos agujeros y sí ellos los miden, aquí mismo me fusilan." Se fue y yo continué con mi trabajo.

Al siguiente día regresó, vino a mi mesa de trabajo y dijo, "Yo sé quién eres."

"¿Qué quieres decir?" cautelosamente le pregunté.

"Tú eres uno de los nuestros," respondió.

"Claro que sí," dije, "Soy un prisionero como tú."

"Oh no," dijo, "Las noticias viajan con rapidez. Sabemos que tomaste parte en el levantamiento en Auschwitz-Birkenau, en Octubre 7, de 1944, pero tu no participaste," me dijo.

Durante todo el tiempo que este tipo hablaba, yo pensaba, "Sabe mucho sobre mí; debe de ser parte del Grupo Clandestino." Tenía que tomar una decision. Decidí arriesgarme.

"¿Por qué quieres que mueva los agujeros de lugar?" le pregunté.

"Sí cambias esos agujeros de lugar," dijo, "entonces los cables que vienen del frente de la cabina a través de esos agujeross hacia las aletas de atrás, no permitirán que las aletas se muevan. Si los agujeros no están en el lugar correcto, entonces los pilotos tendrán dificultad para maniobrar las aletas y disminuir la velocidad del avión y se estrellarán."

Rápidamente pensé sobre su propuesta y decidí confiar en él y tomar parte en el sabotaje a los aviones Messerschmitt.

Construia uno de los *shot vants* correctamente, soldándolo firmemente y cortando los agujeros exactamente en el lugar marcado. Depués que el *shot vant* pasó la inspección como correcto. Lo colocaba contra la pared. Una vez que el inspector se alejaba para inspeccionar otras partes, ya no soldaba tan apretadamente y cambiaba los agujeros en diferentes direcciones. Cuando colocaba esta pieza defectuosa contra la pared, desaparecía en pocos segundos. Otros prisioneros sabían lo que pasaba y todos juntos, estábamos saboteando los aeroplanos. Otro grupo de prisioneros reemplazaba las paredes de lámina correctas por paredes incorrectas al ensamblar los aviones.

Un día estaba trabajando como siempre, cuando ví a un miembro de la Luftwaffe de la SS [Fuerza Aérea Alemana] y a unos ingenieros civiles corriendo de arriba para abajo por los pasillos, pensé, "Ahora sí verdaderamente estamos en problemas." Porque yo sabía que la guerra estaba terminando. Pensé, "Nos van a sacar a todos como sí fueramos a trabajar, nos colocarán en un túnel no terminado, cerrarán la entrada, lo dinamitarán y nos sofocaremos." Podíamos escuchar las explosiones de los aeroplanos bombardeándo las ciudades de los alrededores y los cañones disparando. Continué trabajando como si nada estuviera pasando, pero todo el tiempo estaba observando con lel rabillo de mis ojos lo que estaba pasando.

Pronto la conmoción terminó, ví al tipo que me dijo que moviera los agujeros de lugar en el *shot vant.* "Hola, ¿que está pasando?" le pregunté.

"Nos dijo, los alemanes están revisando las paredes de aluminio, buscando fracturas por fragilidad en el material de los fuselages de los aviones Messerschmitt," dijo. "No están volando, se están desplomando." Inclinándose hacia mí dijo. "No hay fracturas de fragilidad en el aluminio que causen que los aviones se estrellen. Tu tuviste parte de esto, y otra gente también. Esos aviones suben, pero los pilotos no pueden controlar las aletas para reducir la velocidad, y los aviones se están estrellando."

Me sentía tan bien. Nosotros éramos los que estábamos causando que los aviones se estrellaran. En cierta forma, estábamos ayudando a los aliados a ganar la guerra.

En cada campo que estaba me asignaban un número diferente. Tratában de quitarnos los nombres y convertirnos sólamente un número. El último número que me asignaron fue el "118860." Ví que los hombres de la SS, la gente de la fuerza aérea y los civiles usaban relojes, y me dije: "Me voy a hacer un reloj para ver la hora." Ya que yo trabajaba con aluminio, tomé un pequeño pedazo de aluminio y me diseñé la caja de un reloj "ficticio." Como yo tenía una sierra pequeña, un taladro y una lima para aluminio, también hice el tornillo para el reloj con el aluminio, el cual sujeté al lado del reloj para hacer la cabecita. En la cara del reloj puse mi número asignado en el campo de concentración de Mauthausen, "118860," y mis iniciales, "MJ." Cuando miraba al reloj, podía leer la hora. No importaba que hora fuera; sabía que tenía un cerebro, mi cerebro estaba trabajando. Sabía que tenía mi nombre, no solamente un número. Después encontré unas correas, que tenían hoyos y que habían sido usadas para sujetar alambres para mantenerlos juntos en el fuselaje. Tomé las correas, las acorté, y las sujeté a la caja de mi reloj. Mantenía mi reloj escondido. Si alguna vez los oficiales de la SS vez me encontraban con mi reloj, sería fusilado—porque había usado "su" aluminio para hacerlo.

Todavía tengo mi reloj precioso. En mi mente, mi reloj nunca se paró. Nunca dejó de marcar un segundo. No le tengo que dar cuerda, y todavía funciona. Cuando hablo a estudiantes y les permito que se pongan mi reloj en su oído y escuchen, muchos de ellos piensan que todavía camina.

Tenía un deseo—soñé que un día iba a ser libre. Los nazis podían torturarme, matarme de hambre, pero nunca pudieron matar mi espíritu. No importaba lo que me hicieran. Todavía tenía esperanza y creía que iba a sobrevivir. Siempre soñaba con la libertad. En Mauthause/Gusen II, soñé que algun día iba a tener un cuarto con una mesa, un mantel blanco con una barra de pan sobre la mesa, un cuchillo filoso y una silla. La mesa estaría en medio del cuarto, y cuando me parara y me acercara a la mesa, no habría paredes a mi alrededor. Cuando caminara, sería libre.

El mantel blanco me recordaría a mi familia los viernes en la noche, cuando nos sentábamos juntos a la mesa; rezando juntos, riéndo, llorando, y cantando juntos—eso es exactamente lo que hacíamos. Soñaba que podría cortar todas las pequeñas porciones de pan que mi corazón deseara, comer los alimentos que quisiera y que nadie me impusiera límites. Nunca tuve suficiente pan en todos esos largos años. Mis amigos pensaban que estaba loco, porque yo siempre soñaba, pero esto fue lo que me mantuvo saliendo adelante. Con el propósito de sobrevivir tenía que soñar.

25

Había Esperado Tanto Tiempo Para Escuchar Esa Hermosa Canción

Liberación en Mauthausen Gusen II, Mayo, 1945. Habíamos estado en Mauthausen/Gusen II cerca de dos meses. Alrededor del 1o. de Mayo, nos dimos cuenta que caían bombas y oíamos las explosiones. Sabíamos que la guerra estaba llegando a su fin. El pensamiento en nuestra mente era, "¿Y la vamos a hacer?" Todavía viajamos en los trenes al trabajo hasta una semana antes de ser liberados. Para estas fechas, la mayoría de los oficiales de la SS se habían marchado, pero habían enviado una tropa a vigilarnos. La tropa estaba compuesta de austríacos muy mayores de edad, y sí físicamente hubiéramos estado más fuertes fácilmente los hubieramos vencido y escapado.

No habíamos ido al trabajo en unos seis días y no sabíamos lo que pasaba afuera del campo. Un día miré por la ventana y ví tanques pintados con estrellas blancas que pasaban por la calle. Dije, "¡Muchachos miren! Los alemanes han cambiado su esvástica por una estrella." En este tiempo no sabía lo que la estrella significaba. Continué mirando hacia afuera por la ventana de la barraca y ví otros tanques por el camino con muchos alemanes sin armas caminando en frente de los tanques. Entonces me di cuenta que los alemanes eran prisioneros.

Mis amigos dijeron, "¿Mendel por qué no sales e investigas a ver quienes son?"

Dije, "¿Por qué yo"?

Ellos contestaron, "¿Y ahora de repente tienes miedo?"

Dije "está bien" y salí a indagar. El campo estaba hacia abajo y las calles en terreno elevado. Una vez afuera, caminando de un lado al otro, saludé con las manos a los tanques, esperando que los soldados de adentro me vieran. Un soldado salió de la torrecilla del tanque, también me saludó con las manos, y me aventó un envoltorio. Lo levanté y era una barra de chocolate. Corrí de regreso a la barraca y grité, "¡tengo una barra de chocolate! Muchachos nunca creerían cómo la llamaron—¡Herschel!" [Hershey]. Tomé un cuchillo y la corté en pedazos pequeños. Repartí los pedazos entre mis amigos, guardando un pedazo pequeño para mi. Cuando lo puse en mi boca, recé, "Dios, por favor no permitas que se derrita demasiado rápido." Ese chocolate era tan delicioso, todavía lo puedo saborear.

Mirando a través de la ventana de nuevo, ví a un civil de la Cruz Roja con su banda en el brazo y a un soldado con una ametralladora en frente de la cerca, agitando las manos y saludando para que alguien saliera. Decidí salir de nuevo. Aproximándose a la cerca, el civil me preguntó si yo hablaba alemán, "Si," le contesté. Me dijo que yo era libre. Los americanos habían llegado y tenía que quedarme en este campo. Pronto iban a regresar a sacarnos a todos fuera del campo de Mauthausen. El decía, "Les vamos a dar comida, medicina, y todo lo que quieran."

No lo podía creer. ¿Realmente éramos libres? Había esperado tanto tiempo para escuchar esa hermosa canción, la música hermosa, esas hermosas palabras que yo era libre.

¿Ahora querían que yo regresara a Mauthasen? "Había esperado tanto tiempo para saber que nadie en el mundo me podía forzar a quedarme en este campo. Voy a salir caminándo."

Al ir caminando, el soldado me llamó y me preguntó si yo hablaba polaco. De nuevo, dije "Si." Ahora ya estaba asustado porque si hablaba alemán y polaco, no podía ser un americano, tenía que haber sido un *Volksdeutcher*, un alemán nacido en Polonia. Asustado, lentamente me empecé a alejar de él. Me llamó para que regresara, y como tenía una ametralladora, no tuve otra opción que regresar de nuevo. Cuando estuve más cerca, dijo, "No tengas miedo. Soy de Chicago. Mi madre es alemana y mi padre es polaco. Por eso hablo los dos idiomas." Después me dijo lo mismo en polaco que el civil de la Cruz Roja me había dicho en alemán.

Regresé con mis amigos y les dije que los americanos habían llegado y que éramos libres. El hombre de la Cruz Roja dijo que permaneceríamos en este campo y que nos llevarían de regreso a Mauthausen. También, nos darían comida, medicinas y todo lo que nosotros necesitásemos.

A pesar de que éramos libres, todavía no había alimentos para nosotros. Recordé que había una granja en la colina al otro lado del campo. Todos los días que viajaba en el tren rumbo al trabajo, veía las granjas a lo largo de las vías del tren. Decidí ir a una de las granjas y obtener un cerdo o una vaca, para matar y llevar la carne al campo para cocinarla. Encontré un rifle en el campo y fuí a la casa del granjero frente al campo que estaba a unas 150 yardas de distancia de donde vivían familias alemanas. Toqué la puerta. Abrieron la puerta, y ahí paradas estaban una mujer y su hija.

"He venido aquí para matar un cerdo. ¿Dónde está su esposo?" Pregunté. Me dijo que su esposo se había ido y que estaban solas. Pensé que habría sido uno de los hombres de la SS y que había huído porque tenía miedo que los prisioneros o los americanos fueran por él. "¿Sabía usted lo que estaba pasando allá en el campo?"

"No," contestó. "Veíamos a gente que iba y venía del trabajo."

"¿Sabía usted que era un campo de concentración?" Le pregunté. "Miles de personas estaban muriendo, cientos morían a diario, ¿y usted no sabía nada de esto?

"No, ella dijo, nunca supimos nada acerca de lo que pasaba ahí."

Le pregunté si tenía algo de pan, y trajo un pan blanco redondo. "No puedo creer que usted podía ver hacia dentro del campo y me dice que nunca vio a los oficiales de la SS cuando pasaban en el tren. Viajamos en este tren todos los días yendo al trabajo, mientras que los hombres de la SS festejaban y bebían en su casa. ¡Este era un campo de concentración terrible! ¿Cuando el viento soplaba, no podía usted oler la muerte?" Le pregunté. No me contestó nada, sólo se quedó parada viendome. Cargué el gatillo del rifle y dije, "Mire no soy el tipo de persona que se vengaría en otras personas. ¡Todavía no puedo creer que ustedes no sabían lo que estaba pasando!"

Finalmente, ella habló. "Sí sabíamos que el campo estaba ahí y que íban a trabajar. Pero no sabíamos lo que pasaba dentro del campo." Encontrando esto difícil de creer, mejor lo dejé así.

"Déjeme decirle algo," le dije. "Mejor tomen su caballo, su vagón y váyanse de aquí."

"¿Cómo puedo hacer eso?" Me preguntó. "No puedo dejar mi casa."

"Mire señora ahora usted esta hablando con un chico bueno. Es mejor que usted y su hija se vayan de aquí." Le dije. "Como en cinco minutos, el resto de los prisioneros van a llegar aquí, y si las encuentran las van a matar. Las matarán de odio o algo peor." La mujer se asustó, tomó a su hija y se fueron con su caballo y vagón.

Fuí al patio de su granero y encontré una marrana vieja. Cuando le tiré, el rebote del rifle que tenía en mi hombro, hizo que la bala saliera hacia arriba y no dio al blanco. Tiré de nuevo.

Esta vez acerté y cayó al suelo. De repente escuché mucha gente viniendo al patio, haciendo tremendo ruido. Rápidamente tomé mi cuchillo y corté un pedazo grande de carne de la marrana para llevar a mis amigos. Los otros prisioneros también vinieron al patio del granero y empezaron a cortar más carne. La carne no era kosher, pero a estas alturas nada nos importaba. Había tanta gente alrededor de la marrana que nadie podía ver lo que estaban haciendo. De repente, alguien gritó, "¡Perdí mi dedo!" ¡Con la emoción de comer algo de carne, alguien se había rebanado el dedo!

Tomé mi pedazo de carne, me fuí de la granja y regresé al campo. Prendimos una fogata, encontramos una olla grande y empecé a cocinar la carne. Corté el pan en pedazos pequeños y a todos les di una porción. Al estarse cocinando, ese pedazo de carne ¡olía delicioso! Nos sentamos alrededor de la fogata cuidando la olla. Alguien, siempre preguntaba, si ya estaba lista. Querían mojar su pan dentro de la olla mientras la carne se cocinaba. Yo la cuidaba, diciendo. "¡No se preocupen. Cuando esté lista, la comeremos!" Cuidé la carne hasta que estaba bien dorada.

Les pedí a todos que se hicieran hacia atrás. Saqué la carne de la olla y la puse en un pedazo de papel que estaba en el suelo. Vacié la olla de arriba para abajo y dejé que saliera la grasa. Mientras echaba la grasa en el suelo, otras personas estaban sorprendidas. Si las miradas mataran, me hubieran matado. Ellos gritaron, "¿Cómo puedes tirar la grasa al suelo?"

Voltie hacia ellos y dije, "Ustedes me darán las gracias más tarde, porque nuestros estómagos estan tan encogidos que si comiéramos la grasa, tendríamos un montón de problemas. Quizá enfermaríamos de diarrea o quizá pudiéramos morir.

Al estar hablando, corté la carne en pequeños pedazos, cada uno del tamaño de una nuez, y se los di a mis amigos para que pudieran comer la carne con el pan. Cuando les di la carne y el pan, preguntaron, "¿Es esto todo lo que nos toca?"

"Sí," contesté. "Mañana les tocará otro pedazo y otro al siguiente día, hasta que nuestros estómagos puedan tolerar más comida."

Mientras estábamos sentados, ellos dijeron, "¿Estas haciendole al doctor de nuevo?" Ellos hicieron este comentario porque cuando alguno de ellos tenía cortadas o moretones, yo buscaba grasa para curarlos. Si no encontraba grasa, les decía que orinaran en sus heridas porque la orina es estéril. Realmente no importaba lo que yo les dijera. Estaban muy enojados porque querían comer más. Nunca me di por vencido, por el presentimiento que tenía de que nuestros estómagos no podían tolerar comida sólida. Mientras estábamos sentados, terminando nuestra comida, otro compañero que había estado en la misma barraca que yo, vino corriendo hacia nuestro grupo. Estaba muy feliz y brincaba de arriba hacia abajo. ¿Por qué estás tan contento, le pregunté.?

"Mendel," dijo, "no creerás la comida que acabo de tener. ¡Capturé un pollo y lo cociné!"

"Bueno," le pregunté, "¿Qué hiciste con la carne?"

¿Carne?" preguntó, "¿Quién necesita carne? La grasa del pollo estaba tan buena que me la bebí."

Me quedé parado viéndolo. "¿Vas a ir con nosotros a Linz mañana?" pregunté. Sí, respondió. "Pero creo que ahora voy a mi barraca y recostarme después de tanta comida. Voy a descansar y a dormir, ahora nadie me puede decir que tengo que hacer." Después que se fue, voltie hacia mis amigos y les dije tengo el presentimiento que este amigo mañana no estará por aquí.

Los otros prisioneros pensaron que yo estaba loco, pero probé que tenía razón, cuando fuimos a su litera a la mañana siguiente. Todos fuimos juntos, pero ni siquiera pudimos acercarnos a su cama. Pensé que había explotado, porque todo lo que tenía se le salió y se murió. Me giré hacia mis amigos y dije, ¿Ahora pueden ver por que no les quize dar más carne? Nuestros estómagos no toleran la comida, porque se nos han encogido."

La misma cosa estaba pasando por todo el campamento. Cuando los americanos vinieron y vieron en que condiciones estábamos, trataron de hacer todo lo que pudieron para ayudarnos. Trajeron chocolate, pan, y carne—todo lo que pensaron que podíamos comer. Varios prisioneros empezaron a morir por todos lados y los americanos no podían entender por qué. Cuando los doctores llegaron, preguntaron a los soldados por qué tanta gente estaba muriendo después de la liberación. "¿Qué están haciendo por ellos?" un doctor preguntó. "¡Por Dios, pónganlos a dieta!" Cuando todos se pusieron a dieta para regular la cantidad de comida que nuestros estómagos podían tolerar, la gente dejó de morir.

En el día que fuimos liberados, Mayo 5 de 1945, otro amigo de mi misma ciudad y edad—también habíamos asistido juntos a la escuela—vino hacia mi y me dijo, "¡Mendel, somos libres!"

Dije, "Sí, Yerzyk, ¡somos libres!"

Me miraba a los ojos, y dijo, "Es tan hermoso que ahora podemos ir a casa."

Parado frente a mí, de repente dijo, "Sabes, me siento débil y mareado."

En ese momento, se desplomó en mis brazos. Lo sostuve, "Jerzyk, Jerzyk," lo llamé. No me respondió. Murió en mis brazos. Lo levanté y lo llevé a su litera. Creo que se murió de la emoción o algo así. No sé. Es una lástima, porque sobrevivió todos los guetos, los campos de concentración y finalmente llegó a la liberación. No sé—quizá ya estaba enfermo. Cuando menos murió siendo una persona libre, y no un prisionero.

**

Unos días después de mi liberación de Mauthausen/Gusen II, supe que el 41avo. Batallón de Tanques de la 11ava. División Blindada del Ejército Norteaméricano, los Thunderbolts, fueron quienes nos liberaron. ¡Gracias por regresarme mi libertad.!

26

Hermana, Algo Está Mal Con Esta Báscula

Dejando Mauthausen/Gusen II, Mayo 1945. Cuando los americanos llegaron a Gusen II, nos dijeron que nos llevarían de nuevo al campo principal en Mauthausen. Les dije a mis amigos que no iba a esperar a que me regresaran a Mauthausen; ¡yo me voy antes! "¡Mendel está loco!" dijeron entre ellos. "¿A dónde vas a ir? ¿Que vas a hacer? ¡No tienes dinero!"

Los miré. "Sé que no tengo dinero, pero me voy, y si alguno de ustedes quiere venir conmigo, será bienvenido a irse conmigo. Tres de mis amigos decidieron irse conmigo. Uno de ellos fue Lutek Burzynski, también nacido en Konin. Fuimos juntos a la escuela y sobrevivimos los mismos guetos y los mismos campos de concentración.

Al ir saliendo fuera del campo, me detuve por un momento, y miré hacia atrás. Me di cuenta que nadie me estaba esperando; nadie me esperaba a darme la bienvenida en casa. En realidad, no tenía casa a donde ir. Me dije a mí mismo, "Mendel solamente sigue caminando y piensa positivo." En este momento empecé a caminar, y nunca mire hacia atrás.

Salimos de Gusen II y empezamos a caminar hacia Linz, Austria, como a unos 17 kilómetros de distancia [10 millas]. Teníamos que caminar fuera de las carreteras principales porque la policía militar americana nos levantaría y nos llevaría de nuevo al campo de concentración. Caminamos en carreteras ubicadas a los lados de las carreteras principales y atravesamos campos por donde los jeeps, carros o autobuses no podían pasar. Al llegar a Linz, fuimos a un edificio bombardeado donde unas monjas católicas, servían sopa sin costo alguno. Entramos, mis amigos tomaron tazones grandes de sopa, pero yo sólo tome un poco de sopa. Mirando alrededor, ví una báscula y me subí para pesarme.   Al estar parado en la báscula dije, "Hermana, algo está mal con esta báscula."

Hijo, ella dijo, "No hay nada mal con la báscula."

Me bajé de la báscula y la revisé—efectivamente no había nada malo con la báscula, "Hermana, ¿cómo puede ser esto?' Tengo diecinueve años y medio, y solamente peso treinta y dos kilos [aproximadamente setenta libras] en esta báscula"

Después de tomar nuestra sopa, caminamos a los alrededores, buscándo un lugar donde vivir. Encontramos una casa— bombardeada con una bonita habitación. Me dijeron que unos trabajadores italianos habían vivido ahí, pero se habían regresado a Italia cuando la guerra terminó. La estación de tren estaba detrás de la casa. Varios días después, fui a la plaza principal de la ciudad. Escuché que los de la policía militar americana estaban juntando sobrevivientes nacidos en Europa del Este y los estaban colocando en campos para personas desplazadas para enviarlos a casa. Entrando a la zona principal de la ciudad de Linz, los soldados me subieron a un camión. Ellos podían saber que yo era un sobreviviente por mi corte de pelo, el que yo de broma llamaba el *Lausen-Strasse* [el paseo de los piojos.]

Me dije. "¿Dios soy una persona libre, y ahora me van a forzar a regresar a Polonia? ¡Soy libre!"

Todavía puedo escuchar a la gente en el camión llorando, "No me envíen de regreso a Rusia—¡me van a matar.!" No lo dudé. Brinqué hacia afuera del camión. Un soldado con un rifle vino hacia mí y me apuntó, haciéndome señas para que regresara al camión. Abrí mi camisa y le dije: Dispara—no tengo nada más que perder." El soldado solamente me miró. Me alejé y el camión se fue.

Encontré otro edificio bombardeado, que había tenido muchas tiendas y aparadores. Fui a una de las tiendas y encontré un papel blanco. Tomé una pluma y escribí, "Cualquier persona judía y nacida en Polonia, por favor entren. Escriban su nombre y su ciudad de nacimiento." Pocas personas, se acercaron, escribieron sus nombres y sus lugares de nacimiento. Algunas personas no quisieron firmar porque tenían miedo; todavía tenían miedo de firmar sus nombres. Otros me preguntaron por qué hacía esto. Les expliqué, "Si tu firmas y hay cientos de personas como tú, la gente revisará la lista. Quizá encuentren un padre, una madre, un hermano, una hermana, tío, o amigo. ¿Quién sabe?" Tenía la esperanza de encontrar a alguien de mi familia con vida. Recuerdo como sí fuera ahora, un hombre entró y revisó la lista. Empezó a gritar. Tenía miedo que se hubiera vuelto loco. Hoy en día todavía lo puedo escuchar. "¡Oh Dios!"gritó. "¡Ese es mi padre—ese es mi hermano!" Por esto es por lo que yo quería que la gente firmara.

Regresé a la casa en donde me estaba quedando. Creo que mis amigos, fueron a buscar algo de comida, en ese tiempo los sobrevivientes podían ir a una tienda de comida, o restaurante y se la daban gratis. Un día estando sentado afuera en los escalones. Una chica más o menos de mi edad iba caminando por la acera. Cuando se acercó a mi, le pregunté si se quería sentar a platicar. Lo hizo, y tuvimos una buena conversación. Me preguntó por qué vivía en una casa que había sido bombardeada. Contesté que había sido liberado de Mauthausen/Gusen II, el campo de concentración. Le dije que era sobreviviente. Elle me preguntó, ¿"Por qué?"

"Porque soy judío, dije."

"¿Eres judío?" me preguntó, al mismo tiempo que se llevó una mano a la frente.

Le dije, "No vas a encontrar lo que andas buscando. Estás buscando los cuernos, ¿no es así? No los vas a encontrar."

Ella dijo que sus padres siempre le habían dicho que los judíos tenían cuernos. "Ellos me mintieron," dijo ella. Después me preguntó si me gustaría ir a su casa a cenar. Ella vivía en una bonita casa al otro lado de la calle que nunca fue bombardeada.

Cuando mis amigos regresaron, les platiqué acerca de mi buena conversación con la chica que vivía en el otro lado de la calle. En la noche ella me estaba esperando al frente de su casa. Entramos al comedor. ¡Era hermoso! Había una larga mesa con un mantel blanco bordado, hermosa vajilla, y plata. No había visto algo así por más de cinco años y medio. La comida fue servida y al estar comiendo la chica, le dijo a su padre y madre, "Es judío; y no tiene cuernos."

Seguía discutiendo, "¿Por qué me mintieron? Ellos son como nosotros. Los judíos no tienen cuernos.

Los padres dijeron, "Nunca te dijimos que los judíos tenían cuernos."

La chica dijo, "Sí ustedes me lo dijeron. ¿Por qué me mintieron? ¿Por qué ustedes siempre me dijeron que los judíos tenían cuernos? ¿Por qué me mintieron?"

Yo estaba disfrutando mi cena mientras ella hablaba con sus padres. Cuando terminamos la cena, ella me preguntó si me gustaría regresar a cenar al siguiente día. Le dije que me encantaría. Regresé a mi casa y conté a mis amigos que había tenido una bellísima cena y había sido invitado de nuevo para el siguiente día. La noche siguiente regresé, y al entrar al comedor, le pregunté donde estaba su padre. Me dijo que se había ido. Le pregunté por qué. Ella dijo que su padre era super nazi y tenía miedo de quedarse.

Finalmente, un grupo de gente judía vino a decirnos que nos íban a llevar ilegalmente a Palestina, ya que los ingleses que estaban en control no permitían que los judíos emigraran a Palestina. De nuevo fuimos embarcados en furgones y viajamos a la ciudad alemana de Mittenwald, cerca de la frontera austríaca. Nos bajamos de los furgones en Mittenwald y
entramos en lo que anteriormente había sido un campo militar en las afueras de Mittenwald. Esperamos y esperamos y no pasaba nada. Le dije a mi amigo Lutek Burzynski, "Vámonos a la ciudad y veamos que está pasando por allá." Dejamos el campo y caminamos a Mitternwald.

Al día siguiente, después de haber pasado de nuevo la noche en el campo millitar, ví un edificio ocupado por soldados americanos y les pregunté si les podía ayudar en la cocina. Dijeron, "Está bien." Todas las mañanas, Lutek y yo íbamos a Mittenwald; mientras él caminaba por la ciudad yo trabajaba en la cocina. ¡Cuando menos yo tenía buena comida! Una noche cuando regresamos al campo, ¡todos lo soldados se habían ido! Decidimos quedarnos en Mittenwald.

Al final resultó que un buen número de sobrevivientes judíos terminaron viviendo en Mittenwald. Los habían sacado del campo de concentración Dachau y cuando los soldados americanos los habían liberado en las afueras de Mittenwald, se fueron hacia la frontera austríaca. Supimos que algunos de los sobrevivientes vivían en el hotel Traube y otros vivían en casas privadas. Lutek y yo tomamos un cuarto en el hotel Traube.

Trabajar en la cocina para los americanos resultó realmente bueno para mí. Después que había trabajado ahí por un tiempo, la compañía entera se mudó a las afueras de Munich a un lugar llamado Flak Kazern, que había sido una base militar para los nazis. Mientras yo trabajaba en la cocina, mi amigo Lutek se hospedó en el hotel Traube y después se mudó a vivir con una familia a una casa privada. Yo me quedé en la base militar con los soldados. Unas semanas después los miembros de la base militar se enteraron que serían envíados de regreso a los Estados Unidos de Norteamérica porque habían ganado suficientes puntos que les permitían regresar a casa. Antes de que los soldados se fueran, me dieron comida, cámaras, ropa, y todo lo que ellos tenían que no querían regresar a casa. Llevé todo a Mittenwald, me mudé a vivir con Lutek, y puse todos los artículos en el sótano de la casa donde vivíamos. Realmente disfrutamos de la comida y de todos los artículos. Todavía tengo una de las cámaras.

Pronto organicé un club deportivo de fútbol soccer y viajábamos a campos y ciudades a jugar soccer con otros clubs de soccer de otras personas desplazadas. Me enteré que una escuela de deportes en Landsberg había sido establecida por organizaciones judías. Yo me encontraba en un campo de personas desplazadas. Finalmente decidí regresar a la escuela y obtener mi certificado en Educación Física en la escuela de Landsberg. La escuela se llamaba "Seminario para Instructores de Deportes." Después de obtener mi certificado de profesor, me pidieron que me uniera a la Asociación Judía de Educación Física en Munich. Era la persona más joven en el grupo. Después fui enviado a campos de personas desplazadas y a otras ciudades para organizar clubes deportivos y a enseñar clases de calistenia. Ya no les llamamos calistenia. Hoy en día el nombre es más sofisticado; les llamamos aérobicos. Fui por todos lados organizando y enseñando hasta que la mayoría de los judíos habían salido para diferentes países. Al estar practicando gimnasia en un gimnasio alemán, unos miembros de un club deportivo alemán se me acercaron y me preguntaron, si daría clase de educación física a niños alemanes. Dije, "claro que sí."

Me miraron con en una manera sorpresiva.

"¿Les dije que pasa?"

Contestaron, "Tu siempre nos has dicho que los nazis mataron a niños judíos, "¿y ahora estás dispuesto a enseñar educación física a niños alemanes?"

Contesté, "Esos niños alemanes no tuvieron nada que ver con el asunto."

Mi respuesta fue una gran sorpresa para ellos. Después de eso, enseñé educación física a niños alemanes, hasta el día que partí para los Estados Unidos de Norteamérica en 1951.

También participé en competencias de campo y pista que tuvieron lugar en 1947 compitiendo con personas desplazadas en las zonas Americanas e Inglesas.

El evento fue llamado el "Maccabiah." Todavía tengo el record de los 100 y 400 metros, así como el del salto de longitud. Todavía disfruto ver mis trofeos, fotografías y certificados de conmemoración que tengo colgados en la pared de mi casa.

27

Debemos Recordar

Alemania, 1945-1951. En Munich después de la guerra, me encontré con unas mujeres a las que yo había ayudado en Birkenau. Un día vinieron juntas y me invitaron a su casa. Juntaron un montón de almohadas encima de una cama. Ellas querían que yo me sentara hasta arriba del montón de almohadas para que pudieran rendirme un homenaje como a un rey. Me dijeron que les había salvado su vida al haberles dado cigarros en el campo. Los cigarros fueron muy importantes para ellas—les llamaban *Machorka*. Los cigarros eran artículos muy poderosos y altamente cotizados. Ellas pudieron obtener pan intercambiando cigarros. Yo no fumaba, así que los cigarros no significaban nada para mí, pero también usé los cigarros para organizar comida para repartir a la gente, porque para mí era importante salvar vidas.

Mi primo Avram, que había sido escondido por una mujer no judía, [persona no judía protectora de judíos] (Righteous Gentile) en Ostrowiec, Polonia, decidió cambiarse a vivir a Munich después de la guerra, ya que se había enterado de que yo estaba vivo y viviendo en Mittenwald. Vino a visitarme y decidió quedarse en Mittenwald. Un día cuando viajabamos en tren hacia Munich, el tren paró en la estación de Feldafing, ubicada cerca del campo de personas desplazadas. Miré por la ventana y ví a una mujer acercándose al tren, y dije, "¡Dios, es ella!" No fue su cara lo que la delató, pero fue su forma de caminar. Cuando estábamos en Birkenau, siempre la observaba cuando se alejaba de la cerca, hasta que ella desaparecía detrás de la barraca. Por lo general, me paraba y le cedía mi asiento a las mujeres en el tren, pero esta vez, voltie hacia mi primo y le dije, "¿Por favor te puedes parar? Deja que ella se siente aqui."

Se levantó y ella se sentó a mi lado y me le quedé mirando, ya que había decidido que sí era ella. Ella empezó a alejarse de mí, diciéndo, "¿Que ves? ¿Porque me estás mirando?"

"¿En qué campo estuviste?" le pregunté,

"Auschwitz-Bikenaur" dijo ella.

"Bueno, quiero decir, ¿cuál fué tu último campo?" le pregunté.

"Como éramos demasiadas mujeres en el hospital en el campo de mujeres de Birkenau, a muchas de nosotras nos llevaron al campo Zigeuner, un campo de gitanos, porque había sido liquidado," ella respondió. "Estuve en ese campo."

"Sabes me eres muy familiar," le dije. "Deja que te cuente la historia, del por que te conozco. Había un chico en el campo "D" el que

185

estaba separado del campo de gitanos por una cerca de alambre de púas electrificada. Todos los días después del trabajo, te encontrabas con este chico por la barda y platicaban. Un día él te lanzó un paquete de cigarros por arriba de la cerca. Al siguiente día te lanzó pan y margarina. "¿Recuerdas, que un día te lanzó un par de zapatos de abuela para ti?" Le volví a contar toda la historia de nuestro romance.

"¿No sería bonito encontrarme con este chico de nuevo?" dijo ella.

"¿Por qué?" le pregunté.

"Sabes él salvó mi vida," ella respondió. Señalando al otro lado del compartimento del tren, ella dijo, "Ahora estoy casada; ahí está mi esposo. Todos los días vamos a Munich a la Universidad."

"¿Qué pasaría si ese chico que te ayudó en el campo y te acaba de contar la historia, resulta estar sentado aquí a tu lado?" Le pregunté. Ella me miró de nuevo. Brincó gritando y me abrazó. Gente de todas partes vino corriendo hacia el compartimento para protegerla.

"No, no es un kappo," gritó. ¡Él me salvó la vida en el campamento!" Después me dijo, "¿Por qué no conoces a mi esposo?"

Me giré hacia su esposo y dije: "Hola."

Justo en ese momento el tren llegó a la estación de Munich. Nos bajamos del tren juntos. Ella me apretó del brazo tan fuerte, que pensé que me lo íba a quebrar. Caminé con ella, y mi primo caminó con su esposo.

"¿Mendel recuerdas lo que nos prometimos el uno al otro en el campo?" ella preguntó.

"No, no recuerdo," dije.

"No, no seas así, tu te acuerdas de lo que nos prometimos," ella me dijo. "Quedamos en que si algún día nos encontráramos de nuevo cuando fuésemos libres, íbamos a empezar una familia." Me dijo que se iba a divorciar de su esposo para casarse conmigo, porque yo le había salvado la vida y habíamos hecho esa promesa.

"Vamos," le dije. "Eso fue en ese entonces, hoy es hoy. Dijimos eso porque en ese momento, era la única forma de sentirnos bien — estábamos fantaseando. "Más adelante pensaremos sobre ésto," agregué.

Cambiamos de pareja. Ella caminó con Avram, y yo caminaba con su esposo. Su esposo me dijo, "Antes de que nos casáramos, ella me dijo que sí encontrara al chico que le salvó la vida, entonces habría un divorcio. En ese momento pensé que ella nunca encontraría a ese chico."

Me reí y le dije, "No te preocupes sobre este asunto, nada va a suceder."

"¿Mendel dónde vives?" ella me preguntó.

"No tengo casa," Le dije, "Estoy viajando."

"¿Vas a venir a visitarme?" ella me preguntó.

"Claro," contesté.

Nunca la visité. Varios años más tarde, en 1951, estaba yo sentado en una oficina en Munich esperando mis papeles de salida. Sentado muy cómodamente y relajado. Alguien empezó a palmear mis hombros. Voltié la cabeza; y ¡era ella! "Mendel todavía te estoy esperando." Dijo ella. Giré a ver a su esposo. Estaba pálido!

Les pregunté que hacían ahí. Me dijo que esaban esperando sus papeles para ir a Nueva York. "Mendel tú sabes lo que nos prometimos," ella me dijo de nuevo. "Todavía pienso en tí."

"Te diré algo Tecza," le dije, "prometí que no me establecería en Alemania. No me casaré con nadie en alemania. Cuando me vaya a los Estados Unidos, ahí me voy a establecer. Ahí te busco."

Nunca la ví en los Estados Unidos de Norteamérica y no la quería ver. Esa fue una parte de mi pasado, una forma de salir adelante en esos días. En el campo hablando con ella, podía fantasear y soñar que estaba fuera del campo y que era libre. Todavía puedo ver ese parque. Lo puedo ver ahora.

Muchos años más tarde, en 1992, regresé a Birkenau con un grupo de personas de Dallas, Texas. Entré caminando al campo de Birkeanu, abrí la puerta donde fuí un prisionero. Me aproximé hacia la cerca donde nos encontrábamos la chica y yo. De repente en voz alta, hablé de nuevo con ella. La podía visualizar, me giré y miré hacia atrás, todos tenían lágrimas en sus ojos; ellos pudieron ver que por un momento estuve de regreso en el campo. Más tarde las personas del grupo me dijeron que habían podido observarme hablando con la chica, gesticulando con mis manos sin darme cuenta que en realidad ella no estaba ahí. Creo que así sucedió. En ese momento sentí que hablé con ella. Por completo regresé a 1944. Cuando empecé a conversar con ella, lo podía sentir en vivo. Me preguntaron que era lo que le lanzaba por arriba de la cerca. "Cigarros," contesté. Lo reviví. Fue realmente bonito. Es difícil explicar, pero fue un romance diferente, un romance lleno de amor, de sentimientos y atención.

* * *

Rápidamente me acostumbré a vivir en Alemania. Además de enseñar y trabajar con grupos de deportes, también esquiaba, jugaba tenis, jugaba bridge y por el año 1949 me convertí en el encargado de una tienda, vendía comestibles, vino y licor.

Al finalizar la guerra, viví en Alemania por casi seis años, eventualmente decidí salir de ese país y radicarme en los Estados Unidos. Tenía que pasar por un largo proceso para ser aprobado por imigración. Finalmente visité la última oficina para recibir los sellos de aprobación para residir en los Estados Unidos. El oficial, el Sr. Taylor, revisó mis papeles y dijo, "Oh eres atleta de pista y gimnasta." Estaba programado para que yo fuera a Nueva York. Miró mis documentos de nuevo y dijo, "Tu no vas a ir a Nueva York."

Le pregunté a la traductora, "¿Por qué?"

El Sr. Taylor, dijo, "En Nueva York hay un gran bosque de árboles. Si tú fueras ahí y estuvieras en medio del bosque, te perderías y no sabrías como salir de ahí. Estoy hablando de gente."

De nuevo le pregunté a la traductora de que hablaba el oficial.

En este momento el Sr. Taylor se moría de la risa. "Te voy a enviar al estado más grande de la Unión Americana," me dijo.

Le pregunté a la traductora, "¿Cuál es ese estado?"

El Sr. Taylor todavía se estaba riendo. "Texas," dijo ella.

Todavía no tenía idea de que hablaba el Sr. Taylor, pero supuse que estaba bien.

"Cuando vayas a Texas," el Sr. Taylor me dijo, "vas a tener mejores oportunidades. Es un estado de siete millones de personas. La único que tienes que hacer es ¡tomarla! Ve a casa; voy a ver que es lo que puedo hacer." Escuché sus palabras, después regresé a Mittenwald y esperé.

Dos meses más tarde, recibí una carta de Frankfurt, Alemania, con mis papeles de salida. "Hola chicos," les dije a mis amigos, "No voy a ir a Nueva York. Voy a ir a Dallas, Texas."

Se me quedaron mirando. "¡Mendel estás loco!" Por qué vas a ir a Dallas, Texas. ¿Porqué no a Nueva York, Baltimore, Chicago, Philadelphia, donde la mayoría de la gente desplazada va? Ahi hablan el idioma que puedes entender. Estás loco por ir a Texas. ¿Que no ves las películas? No hay banquetas, las gentes salen de las cervecerías, balaceándose unos a otros"

"¿Muchachos, de que se preocupan?" les pregunté. "Cuando llegue a Dallas, Texas, me compraré un caballo, una silla de montar y montaré, también!"

Ahí terminó todo. El Comité Unido de Distribución (The Join Distribution Committee), la agencia Judía Unida de Apelaciones (United States Jewish Appeal), era responsable por arreglar mi pasaje en un barco que había sido convertido de buque militar a buque de pasajeros: *General Muir* era el nombre del barco. A mi llegada a Nueva Orleans de Breman, el oficial de aduana se sorprendió cuando abrí mi veliz de madera y vió mis uniformes y zapatos de soccer, mis botas y sweater para esquiar junto con otra poca de ropa. Salí del área de la aduana junto con otras personas, llamaron mi nombre, y miembros de la comunidad judía de Nueva Orleans nos juntaron. Me recogieron varias mujeres quienes me llevaron al Centro Comunitario Judío, donde me reuní con otras personas del grupo quienes viajaron conmigo en el barco. Nos dimos un regaderazo y nos sirvieron comida. Era el único en el grupo que venía a Dallas. Los del comité del centro me dieron quince dólares para gastos y me pusieron en un tren a

Dallas. No sabía si en Dallas alguien me estaría esperando en la estación del tren.

PARTE III
AVENTURA AMERICANA

28

Dallas Aquí Estoy

Dallas, 1951-1984. Llegando a Dallas, ví gente portando sombreros grandes, y me recordaban del sombrero que ví en el escritorio del Sr. Taylor. Debió haber sido ¡Texano! Gracias Sr.Taylor, por haberme enviado a Dallas, Texas.

Cuando vine a Dallas en el verano de 1951, Harry y Chaya Rachel Andres, un matrimonio judío, me recibieron en la estación del tren. Ellos me hablaron en yiddish y me llevaron a la casa de la Sra. Haberman, la que estaba ubicada en el sur de Dallas, la zona judía más grande, donde me iba a quedar como pensionado. Recibí ciento veinticinco dólares del Servicio de Familias Judías por el primer mes. Ochenta y cinco destinados para pagar por mi hospedaje, es decir, alimentación y habitación. Cuarenta dólares eran para gastos personales. No me sentía cómodo recibiendo una pensión, así que esa fue la última vez que recibí dinero del Servicio de Familias Judías. Trabajé haciendo el trabajo de jardinería en la casa a la que el doctor Sol Haberman y su esposa se habían mudado. Aprendí jardinería mientras viví en el campo de trabajo de Ostrowiec.

Después de haber estado en Dallas por una semana, fui por autobús a la oficina de Servicio para Familias Judías. Al pagar por mi tarifa en el autobús, caminé hacia atrás a un asiento vacío. El chofer del autobús lo paró e hizo señas con las manos. Pensé que eran señas para que las personas de color se bajaran del autobus porque ya habían llegado a su destino. A la siguiente parada, de nuevo el chofer directamente me hacía señas con las manos, y yo todavía no sabía que pasaba. Entonces empezó a gritar y el autobús no se movió. Un hombre que acababa de abordar el autobús fue a hablar con el chofer y al mismo tiempo señalaba hacía atrás del autobús. Entonces el hombre vino hacia mi y en idioma inglés se presentó conmigo. Cuando levanté los hombros, se dio cuenta que yo no hablaba inglés. Entonces me preguntó en yiddish, si yo hablaba yiddish. Respondí "Sí" en yiddish, y entonces me dijo que no estaba permitido que yo me sentara en la parte trasera del autobús; ya que la parte trasera era solamente para la gente de color. Me mostró un letrero en el interior del autobús que indicaba que el frente era para gente blanca y la de atrás para los negros. Realmente no podía entender cual era la diferencia y por qué yo me tenía que sentar en el frente y la gente de color en la parte trasera del autobús. Entonces este hombre dijo, "Vete al frente, no causes problemas," mientras tanto el autobús todavía no se movia.

Lo miré y dije, "No me voy al frente; nadie me puede forzar. Seguiré sentado aquí."

El dijo, "Por favor."

Lo miré y me bajé del autobús y llegué caminando a la oficina de Servicio para Familias Judías. Realmente me sentí muy bien por mi acción. Esa fue mi primera experiencia que había tenido en los Estados Unidos.

Durante mi junta con la persona que se encargaba de trabajar en los casos de cada individuo en el Servicio para Familias Judías ella comentó, que mi nombre, Mendel Jakubowicz, sería difícil de pronunciar para los americanos. Ella me preguntó si quería cambiar mi nombre a otro más fácil de pronunciar. Ella sugirió Michael Jacobs, y por lo tanto, tomé este nombre. Michael porque empezaba con "M," y Jacobs porque Jakubowicz quiere decir: "el hijo de Jacobo."

Otra experiencia que tuve recién llegado a Dallas me sucedió en el antiguo edificio de la Corte. Tenía calor y tenía sed. Estaba bebiendo agua en la fuente de agua del edificio de la Corte, cuando de repente alguien me agarró del pelo y jaló mi cabeza hacia arriba. Me asustó a morir. Con mucho coraje dijo, "No puedes beber agua de esta fuente."
Yo dije, "¿Que estás haciendo?" ¿Por qué me agarras del pelo y me jalas la cabeza hacia arriba?"

El dijo, "Esta fuente es para gente de color, y esa fuente allá, es para gente blanca."
Dije ¿cuál es la diferencia entre esta agua y la otra?"

La gente empezó a juntarse en donde estábamos y alguien dijo, "No causes ningún problema."

Dije, "No estoy causando ningun problema; él es quién esta causando el problema." Ellos se retiraron, junto conmigo y me alejé del lugar.

Mi primer trabajo de tiempo completo fue como empleado de embarques en un negocio de venta al mayoreo de abastecimiento de artículos de plomería. Como no sabía inglés, dibujaba en un papel los artículos que se embarcarían y los ponía arriba de los tambos de depósito de donde yo había tomado las partes.

La Oficina de Servicio para Familias Judías era una extensión del edificio del Centro para la Comunidad Judía. Me enteré de un puesto disponible en el Departamento de Atletismo, les dije en mi inglés imperfecto que yo había enseñado Aptitud Física y que había sido gimnasta. Me dieron el trabajo de medio tiempo. Los domingos y en las noches, daba clases de gimnasia, aptitud física y calistenia. Había estado en Dallas por pocos meses. Mientras aprendía inglés, pitaba mi silbato para llamar la atención de los chicos y empezar las rutinas de gimnasia. Después saltaba sobre los caballetes para enseñarles a los estudiantes como hacerlo, y ellos me seguían. Un día enseñaba una clase de gimnasia a niños de diez años en el gimnasio y una muchacha como de unos veinte años entró al gimnasio, se paró a un lado, y obervó. Noté su presencia y me dije, "Esta es mi chica." Después supe que se llamaba Ginger.

Más tarde Ginger me dijo que Gene Berlastky, el director del centro, sabiendo que ella tenía un certificado en educación física y le había pedido que iniciara un programa de ejercicios para mujeres, le comentó, "De verdad debes de ir al gimnasio y ver a Mike Jacobs trabajar con los niños. Nunca había visto nada igual. El gimnasio nunca había estado así de tranquilo. Mike es un sobreviviente y realmente no habla mucho inglés, pero sólo pita su silbato, va brincando sobre los caballetes, y los niños lo siguen." Ginger y yo nos casamos en Octubre 4, de 1953.

Cuando finalmente instalamos pistas de gimnasia suecas y cuerdas para escalar, también enseñe a los niños esas habilidades. Cuando el director de atletismo renunció, temporalemte tomé su lugar hasta que emplearon un nuevo director.

Una noche, iba manejando mi auto por la calle de Preston e iba a dar vuelta a la derecha en la calle Lovers Lane. Las luces amarillas verticales se encendían intermitentemente y paré para esperar a que el tren pasara, como lo hacen en Europa. Esperé un tiempo, otros conductores empezaron a tocar sus bocinas, ya que no podían pasar adelante de mi. Finalmente dos policias se pararon y me preguntaron sí tenía un problema con mi auto.

Contesté, "No, estoy esperando que pase el tren."

Se empezaron a reír con muchas ganas, hoy en día todavía los puedo oír, y entonces me dijeron. "Esas luces amarillas no son para que pase el tren—son luces que indican "precaución."

Dije, "Lo siento," y continué manejando.

Mientras trabajaba en el centro, también organicé un equipo de fútbol soccer, programaba torneos, y trabajaba en el campamento de día. Jugábamos en la liga de la Asociación de Soccer de Dallas. Más adelante me nombraron Presidente de la Asociación de Fútbol Soccer de Dallas y eventualmente empecé a actuar como árbitro. También me convertí en miembro de la Asociación de Árbitros de los Estados Unidos. En 1967 empecé a arbitrar profesionalmente y por mi edad, me retiré en 1977.

Al trabajar con los programas de soccer, dividí Texas en dos asociaciones de soccer. Norte y Sur de Texas. Un día estábamos en una junta de la Asociación de Fútbol Soccer en Temple, Texas. Tres de nosotros viajábamos desde de Dallas. También había representantes de Houston y San Antonio. Teníamos discusiones acerca del enorme tamaño de Texas. Era una incomodidad para algunas personas viajar cada mes de un lugar a otro para asistir a nuestras juntas. Saqué un mapa de Texas, tomé un lápiz, y dibujé una raya sobre el estado. Dije, "ese es el norte y este es el sur." Esto terminó la discusión. Me convertí en el primer

Presidente de la Asociación de Fútbol Soccer del Norte de Texas. En Julio de 1976, fui incluído en el Salón de la Fama de la Asociación de Fútbol Soccer del Norte de Texas. También conduje clínicas de instrucción para árbitros. Continué activo en soccer y continué como árbitro en juegos de aficionados. Fuí honrado para actuar como "observador" [la persona que identifica los jugadores y jugadas para el anunciador] para los Juegos de la Copa Mundial de soccer en 1994 que tuvieron lugar en el estadio Cotton Bowl, en Dallas, TX. Fue un placer haber trabajado con Bill Melton, el anunciador.

Después de trabajar en diferentes trabajos, obtuve un trabajo con la American Iron and Metals, Inc., [Fierro y Metáles Americanos, Inc.] para entrenarme como supervisor en las bodegas. Trabajé ahí un por un poco más de un año.

En Marzo de 1954, decidí abrir mi propio negocio, Jacobs Iron and Metal Company, Inc. Compré un camión de una y media tonelada. Ya que yo aprendía rápidamente, aprendí a manejar el camión. Manejaba hacia pequeños pueblos y compraba metales, tales y como: aluminio, cobre, bronce, acero inoxidable y alambre de cobre insulado. Los clasificaba, los separaba y los vendía a compañías grandes. Cuando no había metales que comprar entonces compraba motores de carros o hierro fundido. Después de varios años, compramos una propiedad y construímos una bodega, y así pude dejar las carreteras fuera de mis actividades.

A través de los años la comunidad en Dallas ha sido buena conmigo y he estado involucrado en ambas, las comunidades no judias y la judía.

En 1956 leí que la Universidad Metodista del Sur estaba ofreciendo un curso nocturno de inglés. Decidí que necesitaba mejorar mi inglés y me inscribí en el curso. El curso no se realizó ya que no hubo suficientes personas que se inscribieran. Después escuché de los cursos en Dale Carnegie, así que me inscribí, pensando que sería una buena clase para mejorar mi inglés. Cuando me tocó el turno para hablar, el instructor me dijo que me hiciera hacia atrás y que me sujetara a la mesa que estaba en frente de la clase. Mis compañeros de clase habían hecho esto como una ayuda para no ponerse nerviosos al presentarse ellos mismos. Miré al instructor y dije, "No necesito sujetarme a la mesa" y empecé a caminar de un lado al otro mientras me presentaba a la clase.

El instructor me preguntó si antes había hablado en público. Contesté, "Sí, si he hablado en publico."

El dijo, "Tú estás en el lugar equivocado; esta es una clase para enseñar a la gente a hablar en público." Trató de regresarme mi cheque.

Respondí, "Está bien, yo me inscribí, y quiero quedarme."
Para nuestra última clase teníamos que hablar extemporáneamente por cinco minutos. Le pregunté al profesor

de que debería de hablar. Contestó, "Algo de lo que tu conozcas." Hablé de mis experiencias en el Holocausto. Paré de hablar al término de los cinco minutos, pero el profesor y la clase dijeron, "Continúa hablando." Continué hablando por una hora. Después de la clase, una pareja se acercó a mí y me pidieron que hablara en su iglesia en la Clase del Domingo. Les dije que con mucho gusto hablaría en su clase. Desde ese entonces he estado hablando sobre el tema. Comencé a cumplir con la promesa que me había hecho a mí mismo en el campamento. Me prometí que hablaría del Holocausto a toda la gente que me fuera posible, para hacerles saber como viví y sobreviví siendo un adolescente. Desde esa ocasión, nunca he parado de hablar y llevar el mensaje sobre lo que un ser humano puede hacer a otro cuando nos quedamos callados y somos condescendientes—no hay que dar las cosas por hecho, no hay que asumir, puede suceder de nuevo. Los grupos a quienes he hablado desde 1956 incluyen escuelas, universidades, colegios comunitarios, iglesias, sinagogas, grupos con problemas de desordenes de alimentación, terapeutas, y personas con altos riesgos. Le digo a mi audiencia que yo sobreviví a la tortura y la brutalidad en los guetos y los campos de concentración porque Dios me dio la fortaleza para sobrevivir.

Sobreviví debido a tres cosas: Nunca di por perdida la esperanza, nunca renuncié a mis creencias y siempre fui positivo. Les digo que es un privilegio saber como sobreviví siendo solamente un adolescente. El reto para todos es no estar llenos de odio o amargura. Les digo, no hablen con odio, yo no estoy amargado; porque el odio propaga odio. Eso es lo que Hitler y la maquinaria nazi representaban. No debemos permitir que le pase a nadie, en ningún lugar, en ninguna parte. ¡Debemos recordar lo hermoso que es ser libre!

29

Construyendo el Centro Memorial Del Holocausto En Dallas

1977-1984. Un grupo de sobrevivientes se había establecido en Dallas. Algunos de nosotros asistíamos a la Sinagoga Conservadora en Dallas. En el Día de La Expiación en Septiembre de 1977, durante un descanso en el servicio, algunos de los sobrevivientes conversábamos en un área abierta afuera del santuario. Incluídos en la conversación estaban Frank Bell, Leon Zetley, Herry Goldberg, y Jack Stein. Durante nuestra conversación, acordamos que debería de haber un grupo de sobrevivientes y me pidieron que organizara el grupo. Contesté que lo iba a pensar. En Octubre 17, 1977, convoqué la primera junta del grupo de sobrevivientes que tuvo lugar en mi casa. Me pidieron que fuera el presidente, acepté y mi esposa Ginger, aceptó ser la secretaria. Decidimos tener juntas una vez al mes y nuestro grupo se llamaría Sobrevivientes del Holocausto en Dallas. Éramos un grupo pequeño, pero había un sentimiendo de camadería.

Nuestro grupo creció con el tiempo, y aunque algunos de los miembros habían salido de Alemania o Polonia poco antes de la guerra y otros habían escapado a Inglaterra o Rusia, todos habíamos sido aterrorizados por los nazis. Por supuesto, que incluímos a los cónyuges, algunos nacidos en los Estados Unidos. La segunda generación [hijos] fueron incluídos más tarde.

Desde hacía tiempo había tenido el sueño de tener un lugar donde los sobrevivientes del Holocausto nos pudiéramos juntar y recordar a nuestros familiares queridos, ya que de acuerdo a la tradición judía, el domingo antes del Año Nuevo acostumbrábamos a visitar el cementerio donde nuestros familiares fueron sepultados y celebrábamos el servicio del recuerdo. No teníamos un cementerio al que ir. Así que desarrollé mi idea, decidí que deberíamos construir un Centro Conmemorativo para estudios del Holocausto, que debería de incluír una sala de conmemoración en donde pudiésemos tener lápidas conmemorativas en la pared.

A pesar de ser todavía un grupo pequeño, decidí continuar con mi idea de construir un edificio para el Centro Conmemorativo del Holocausto.

Primero quería construir un edificio independiente en una área al frente del Centro de la Comunidad Judía de Dallas. Sin embargo, no fue posible, ya que esa área iba a ser convertida en parque y se usaría para la construcción del Monumento Conmemorativo Lewis del Holocausto. Después quería usar una área entre La Federación Judía de Gran Dallas y el

Centro de la Comunidad Judía de Dallas. Sin embargo, esa área ya estaba destinada para la construcción de un teatro. Henry Cohn, quien era presidente del comité del Centro de la Comunidad Judía y era muy solidario con mi proyecto, sugirió que usáramos el sótano del Centro de la Comunidad Judía, que estaba completamente vacío. Lo podíamos remodelar y convertir en una "planta baja." Decidí que era mejor que nada. Preparé una lista de personas a quienes solicitar fondos para el centro del Holocausto, pagaderos a cinco años. Algunas personas me pagaron de inmediato; todo dependía de cuanto fuera su compromiso. Me puse en contacto de nuevo con un pequeño grupo de sobrevivientes del Holocausto que incluía a Leon Zetley, Sam Szor, Frank Bell, Ossie Blum, Max Glauben, David Rosenberg y Jack Oran. Les comuniqué el proyecto que tenía en mente. Estaba sentado con ellos alrededor de la mesa. Ellos realmente no querían esa opción. Creo que en realidad no querían recuerdos de su dolor. Ellos dijeron, "Mike, no lo puedes hacer, cuando acudas a los sobrevivientes del Holocausto, ellos no te van a dar dinero."

Lo discutimos, hablamos sobre el proyecto una y otra vez hasta que finalmente dijeron, "Mike si crees que lo puedes hacer, adelante."

Dije, "A hora que están seguros…..Permítanme tomar sus contribuciones." Rápidamente reuní $75,000 dólares de pocas personas. Me encontré con Henry Cohn y los miembros de su comité, Murray Munves and Irving Donsky, quienes también estuvieron de acuerdo en que el espacio del sótano se usara para tal propósito. Después de haber obtenido la aprobación de la mesa directiva del Centro de la Comunidad Judía, tuve una junta con el Comité Ejecutivo de la Federación Judía, quienes no solamente apoyaban mi recaudación de fondos para el Centro del Holocausto, sino también asignaron más fondos. Hice una lista que incluía contribuciones recibidas de personas residentes en Dallas y de otras ciudades. No me tomó mucho tiempo recaudar $350,000.00. Procedí a llamar a la firma de arquitectos Smith and Ekblad, quienes se encargaron de la ampliación del Centro de la Comunidad Judía, visité sus oficinas y dije: "Deseo que se construya un centro de conmemoración para estudios del Holocausto. Me gustaría que ustedes lo diseñaran. Ya tengo el permiso para construirlo en el sótano del Centro Comunitario Judío. Sentémonos y hablemos sobre este proyecto."

Discutimos el proyecto durante noches y días, y pregunté, ¿"Cuanto va a ser el costo? Saben, no tengo mucho dinero para pagar a los arquitectos.

Bob Ekblad me dijo, "Mike no vamos a cobrar demasiado. Solamente vamos a cobrarte por el papeleo y la secretaria, porque para nosotros el construir el centro de estudios del Holocausto es la oportunidad de nuestra vida. Queremos ser parte de este proyecto."

Cole Smith, siendo historiador, estaba particularmente interesado en mantener la integridad de la construcción del Centro del Holocausto. Les communiqué mi idea de construir un furgón para usarlo como la entrada del centro. Me dijeron, "¿De dónde vas a obtener los materiales?"

Dije, "No se preocupen por esto. Estoy en el negocio de chatarra e iré a la compañía de trenes. Ellos acumulan muchos furgones que ya no usan y también tienen madera. Ellos estarán muy contentos de que me lleve la madera para que no tengan que llevarla al "basurero" y pagar por deshacerse de ella.

Por varias noches no pude dormir. Pensé que, "Construir un furgón no tendría ningún significado para mí. Sentía la necesidad de encontrar un furgón real, donde los judíos fueron transportados a los guetos y campos de concentración." Teníamos un amigo, Louis Rosenbach, originario de Holanda quien vivía en Dallas. Le hablé acerca del furgón. Me dijo que a través de su primo en Holanda podríamos encontrar un furgón original, y ofreció comunicarse con su primo para este asunto. Pocas semanas después, Louis me dijo que su primo había encontrado un furgón en Holanda. Pasamos varios meses intercambiando información errónea, finalmente, el furgón en Holanda fue destruido. Después de haberme dado tal noticia, Louis comentó, "Hoy en día no quedan muchos furgones por allá," sin embargo, dijo, que quizá la hija de su prima Jacqueline, pudiera localizar otro furgón para nosotros.

Mi esposa, Ginger, socióloga, es muy persistente. Mi amigo me dio el número del teléfono de su prima en Holanda que hablaba buen inglés. Ginger le explicó la situación y le preguntó sí podía tratar de encontrar otro furgón para nosotros. Ella dijo que trataría. Después de pocas semanas, hablamos de nuevo y ella ya había encontrado otro furgón que estaba a punto de ser destruido en Bélgica. Le pedí si sería posible que ella pudiera viajar a Bruselas para hablar con el comisionado de ferrocarriles, para explicarle que el furgón sería colocado en el centro del Holocausto y que por favor solicitara que retuvieran el furgón para nosotros. Ella estuvo de acuerdo.

Hice un viaje especial a Bélgica y hablé con el jefe de la Comunidad Judía de Bruselas. El encargado no quizo hablar conmigo, ya que yo no tenía credenciales. Me preguntó quien me había enviado y quien era yo. Traté de explicarle quien era yo y para que quería el furgón, pero no me escuchó, yo estaba muy desilusionado y volé de regreso a casa.

En Abril de 1983, asistimos a la convención en Washington, D. C. de la Reunión de Sobrevivientes del Holocausto. Llevamos con nosotros la maqueta del Centro del Holocausto y la exhibimos en la sala de exhibición en D. C., y mientras estábamos ahí, Ted Koppel, me entrevistó para el programa "Nightline" [Línea Nocturna.] Los camarógrafos me siguieron por tres días para hacer la entrevista. El presentador del programa de televisión, de "Good Morning America," entrevistó a nuestro hijo mayor,

Mark, quien estaba con Ginger y conmigo. Mientras estábamos en Washington, D. C. Ginger se contactó con los congresistas Martin Frost y Steve Barlett y les contó acerca del furgón que habíamos encontrado en Bélgica y que lo necesitábamos para nuestro Centro del Holocausto. Ellos dijeron que debíamos de obtener credenciales de identificación del Departamento de Estado y ambos congresistas me brindaron una gran ayuda para que obtuviera las credenciales necesarias para la Comisión Belga de Ferrocarriles.

En el mes de Junio, conduje la misión de profesionales de la Federación Judía Nacional y viajamos a Israel a través de Polonia. Cuando llamé a casa desde Israel, mi hijo Andy dijo, "Papá, ya que estás tan cerca de Bélgica, ¿por qué no vuelas a Bélgica y ves el furgón?" Decidí que era una buena idea y le pedí a Ginger que me enviara mis credeciales del Departamento de Estado al hotel donde me hospedaba en Bruselas. Cuando arribé en un 4 de Julio, mis credenciales me esperaban en el hotel. Dejé mi veliz en el hotel y salí rápidamente. Tomé un taxi y fuí a la Comisión de Ferrocarriles sin antes haber hecho cita. Llegué a su oficina y me presenté, "Me llamo Mike Jacobs, y tengo una carta del consulado para verlos y conversar sobre el furgón." Hablamos del furgón y del uso que se le daría. Me dijeron que el furgón estaba en Antwerp. Tomé un taxi y me dirigí a Antwerp. Ví el furgón y caminé a su alrededor. Me subí al furgón y había silencio. Podía ver a la gente en el furgón y a los niños llorando. Fué un sentimiento abrumador. Escribí el número del furgón y regresamos a Bruselas. Ellos matenían registros muy buenos y pudimos confirmar que este furgón se había usado para transportar judíos a campos de concentración. Le dije al representante que quería el furgón. El representante de relaciones públicas con quién trataba dijo, "El furgón te costará $850.00 dólares."

Saqué mis cheques de viajero y comenté, "Antes de firmar, ¿cómo se verá cuando este furgón llegue a Dallas, y la gente se entere que tuve que pagar $850.00 dólares por este furgón que llevó a tantas personas a su muerte? Vamos a tener reporteros de noticias de televisión y de radio, también tendremos entrevistadores, queriendo saber cómo obtuve este furgón. Será el primero de este tipo que se llevará a los Estados Unidos de Norteamérica y en todo el mundo." El representante me miró y dijo que iba a hablar con sus superiores para que tomaran una decisión. Salí de su oficina, y al entrar a mi hotel, ya tenía un mensaje que decía que el furgón nos lo entregarían sin costo alguno.

Cuando la gente se enteraba del uso que se le iba a dar al furgón, nadie quería recibir un pago por embarcarlo a Dallas. Les dije que cortaran las ruedas y el marco inferior del bastidor, ya que así sería menos pesado, sin saber en ese momento que no habría costo alguno por el embarque. Hablé con mi amigo Bill Betcher, en Commercial Metals, Inc. de Dallas, y le pregunté si el sabía de alguna manera en que el furgón se pudiera traer a

Dallas. Sabía que su compañia hacía muchos negocios con compañias de embarque. Me dijo que investigaría sobre

varias posibilidades. Bill me llamó por teléfono y me informó que tenía una compañía de embarque que lo traería a Dallas sin cargo alguno.

Cuando el furgón fue descargado en Galveston, Texas y la compañia de transporte de Houston se enteró del uso que se le daría, tampoco hizo cargos por traerlo a Dallas. Estaba muy emocionado al ver que una grúa nueva transportó el furgón al estacionamiento del Centro Comunitario Judío, subí hasta la parte superior del furgón, revisé los cables, y enganché las cadenas antes que la grúa descargara el furgón y lo colocara en el estacionamiento. Después que el furgón se colocó en el estacionamiento, gente de todas partes vino a verlo. Alguien dejó una maceta con crisantemos blancos en medio del furgón. Nos llegó al corazón ver las flores. Los periódicos, la televisión y reporteros de radio también vinieron para escribir la historia. Fui entrevistado por los medios noticiosos, todos querían saber cómo era que el furgón había llegado a Dallas.

Cuando me sentaba con los arquitectos día y noche, hablábamos sobre el centro conmemorativo, y mientras yo hablaba con ellos, ellos lo diseñaban. Dije que quería la Sala de Conmemoración con un diseño muy único. Quiero una puerta al frente de la sala que se pueda abrir y cerrar. Contestaron, no hay problema. Dijeron que la puerta tendría barras. Cuando vieron mi cara, me preguntaron, "Mike, ¿no te gusta la idea, verdad?"

Contesté, "No, no me gusta. Cinco años y medio de estar en guetos y los campos de concentración…no quiero ver hacia afuera de nuevo."

Les conté la historia de mi ciudad, como los libros y los pergaminos los sacaron de la sinagoga al igual que la casa de estudio anexa y como en la plaza mayor cerca de la sinagoga les prendieron fuego. "Quiero que así se vea. Quiero una puerta que se pueda abrir y cerrar. Que la gente se pueda imaginar diferentes tamaños de libros de oraciones quemándose cuando uno mire hacia la parte baja. Cuando la puerta esté cerrada quiero que la gente pueda ver un pergamino que también se está quemando. Quiero que se vea cómo si todo estuviera ardiendo en llamas. Le llamaría la "Puerta de Fuego." Al pasar la puerta caminando, la luz eterna en bronce diseñada por Ruth Litwin se colocará colgando del techo. La luz deberá semejar una flama. En las paredes habrá lápidas de conmemoración en memoria de las personas que murieron en los guetos y los campos de concentración. En una de las paredes se colocarán lápidas en memoria de los miembros de cada familia que murió en el Holocausto y serán honrados por sobrevivientes del Holocausto y otros parientes. La siguiente pared solamente tendrá lápidas para familias. Otra pared tendrá lápidas conmemorativas con los nombres de las personas no judías protectores de judíos— [Righteous Gentiles] que pusieron su propia vida y la de sus familias en peligro para salvar judíos. La pared de atrás de la sala siempre estará vacía, para mostrar ausencia, para recordar a los millones de personas que fueron asesinadas. Las paredes serán de color blanco porque representa esperanza. Habrá una lápida conmemorativa grande, rodeada de pilares con inscripciones representando diferentes campos de concentración encadenada a un alambre de púas electrificado simulado. Sobre la lápida grande conmemorativa habrá una inscripción no escrita con odio pero con amor. Habrá una escultura de bronce que Ruth Litwin esculpirá, representando gente quemándose, con una mano hacia afuera (la que más tarde nombré "Aferrándose a la Vida"). Seis luces representando los seis millones de judíos asesinados en el Holocausto que se colocarán entre la escultura y la lápida grande de conmemoración. Habrá una urna de bronce detrás de la escultura en forma de la Estrella de David, que se llenará con los restos de huesos humanos que traje de Auschwitz II, Birkenau, que se quedarán ahi para descansar. En este lugar la gente estará parada en el cementerio más grande que la humanidad jamás haya conocido. La sala-audio visual exhibirá fotografías y objetos del Holocausto. También habrá una pantalla que mostrará un video. La otra sala será una biblioteca y habrá oficinas.

"Este centro del Holocausto será construido con amor y no con odio. Se construirá para futuras generaciones como un recordatorio de lo que un ser humano puede hacer a otro, si nos quedamos callados y somos condescendientes. Debemos de recordar y nunca olvidar."

Cuando dedicamos el Centro de Conmemoración para Estudios del Holocausto, los sobrevivientes agradecieron lo que había hecho. Ellos querían nombrar la Sala Conmemorativa en mi honor. Les dí las gracias y les dije que agradecía su amable gesto, pero que la Sala Conmemorativa era dedicada a los seis millones de nuestros hermanos, hermanas, madres, padres, y todos los familiares que perecieron en esta enorme tragedia, del Holocausto. Nadie debe de robar a esas almas una conmemoración dedicada exclusivamente a ellos. Esa sala es consagrada a su memoria y así debe de quedarse.

Inauguramos la Sala Conmemorativa del Centro del Holocausto en Enero 29, de 1984, con una ceremonia especial honrando la memoria de seis millones de judíos, incluyendo a más de un millón de niños. Hablé sobre el simbolismo de este Centro. Los miembros del grupo de sobrevivientes, acompañados de varias clases de audiencia, colocaron los fragmentos de huesos que yo había traído de Auschwitz II-Birkenau en la urna de bronce.

El Centro Conmemorativo para Estudios del Holocausto abrió sus puertas oficialmente con un programa especial en Abril 15, 1984. Entre los dignatarios que asistieron estuvieron el congresista de los Estados Unidos de América Martin Frost, el Gobernador de Texas Mark White y su esposa, el Alcalde de Arlington Tommy Vandergriff, así como muchos líderes de agencias judías locales. El auditorio en el Centro de la Comunidad Judía estaba lleno. Fundar el Centro Conmemorativo para Estudios del Holocausto fue mí sueño hecho realidad.

EPÍLOGO

Konin era una ciudad con una población de aproximadamente 12,000 personas. Antes de la guerra había una bonita comunidad judía que estaba compuesta por un poco más de 3,500 judíos. La mayoría de los judíos eran comerciantes con pequeñas tiendas—sastres, zapateros, y otras profesiones. Entre los profesionales judíos en la ciudad, teníamos dos doctores, algunos dentistas y abogados. La gente judía estaba muy, muy involucrada en la vida diaria de la comunidad. De parte de mi madre teníamos muchos parientes que vivían en la ciudad, por el lado de mi padre, la mayoría de ellos vivían en las ciudades de los alrededores.

Antes de la guerra, había 3.5 millones de judíos en Polonia. Cuando visité Polonia por primera vez después de la guerra en 1975, me dijeron que en esa fecha, menos de 6,000 judíos vivían en el país. Algunos sobrevivientes emigraron a diferentes países entre los años de 1945 y 1975, pero la enorme tragedia de los años de guerra era evidente.

Durante el Holocausto, seis millones de judíos fueron asesinados, incluyendo aproximadamentet un millón y medio de niños. Murieron, cerca de cinco millones de personas no-judías, y casi medio millón de gitanos. Perdí a mis tres hermanos, mi padre, mi madre y mis hermanas. Soy el único sobreviviente en mi familia. En total perdí cerca de ochenta de mis parientes de los que recuerdo y estoy seguro que otros parientes no conocidos también murieron. Mi familia y parientes cercanos murieron en Treblinka, un campo sin regreso. Uno de mis hermanos murió luchando por la libertad de los judíos.

Hoy en día, ni siquiera tengo fotografías de todos los miembros de mi familia. Escribí al guardabosques después de la guerra, con la esperanza de que pudiera regresarme las fotografías de mi familia que había escondido en su pequeño granero. Me contestó diciendo que ya no tenía las fotografías de mi familia. El mal tiempo las había destruido.

Nunca fuí un adolescente. Pasé mis años de adolescencia en los campos de concentración. Viví con menos de 800 calorías de comida al día, trabajando días de doce-horas, todos los días. Fuí torturado y apaleado. Tengo cicatrices en mi cara, pero siempre me mantuve de pie. Siempre salí adelante y me decía a mí mismo, "Algún día voy a ser libre."

Fui uno de los que corrió con suerte. Sobreviví. Tuve la oportunidad de una nueva vida—de casarme, de criar y educar a unos hijos maravillosos, ver a mis nietas crecer. Soy un sobreviviente de atrocidades y de genocidio. Quiero que toda la gente joven sepan lo que un ser humano le puede hacer a otro. Puede suceder de nuevo. Nunca den su libertad por hecho. Sé que hermoso es ser libre..

Odio engendra odio. Pero no podemos, no debemos, guardar silencio o ser condescendientes. Si lo somos, esto puede suceder de nuevo. Por eso es que quiero que la gente conozca de este hecho. No importa bajo que circunstancias se encuentren, que tan adversos sean, los altos y los bajos; siempre pueden salir adelante. Siempre díganse, "Mañana será un mejor día. Lo voy a hacer." Piensen positivamente. Eso es en lo que yo creía en ese entonces, y todavía lo creo. Este pensamiento ofrece un mejor futuro. No se permitan decaer moralmente. Siempre díganse a ustedes mismos, "No no me voy a decaer." Eso es lo que yo hice.

APENDICE 1

CRONOLOGÍA DE MIKE JACOBS DE SU EXPERIENCIA EN EL HOLOCAUSTO

1939

- Invasión alemana a Polonia (Septiembre 1).
- Invasión de Konin, Polonia, pueblo natal de Mike Jacobs.
- Judíos de Konin enviados a la ciudad de Ostrowiec (Noviembre).
- Gueto establecido en Ostrowiec. Mike y su familia viven en hospedajes apretujados junto con otras familias (un total de dieciséis personas en una habitación pequeña dividida en tres secciones).

1942

- Liquidación del gueto más grande en Ostrowiece (verano.)
- Gueto más pequeño creado en Ostrowiec.
- Familia de Mike Jacobs (menos Mike y su hermano Reuven) es enviada al campo de muerte de Treblinka.
- Después de una corta estancia en el pequeño gueto, Reuven escapa para pelear junto con los judíos partisanos.

1943

- Reuven es asesinado mientras peleaba con los partisanos por la liberación de Polonia (Febrero.)
- Liquidación del pequeño gueto en Ostrowiec. Los judíos que quedaban fueron envíados a campos de trabajo en Ostrowiec.

1944

- Mike Jacobs es enviado a Auschwitz-Birkenau (Junio). La mayoría de su estancia la pasaría en Birkenau.

1945

- Mike Jacobs es uno de los 60,000 prisioneros envíados a la marcha de la muerte partiendo de Auschwitz/Birkenau (Enero 18). La marcha era de treinta y cinco kilometros (casi 22 millas) al día, en un período de cinco días, en la nieve; muchos prisioneros murieron de hambre, mientras que otros fueron fusilados. Solamente unos 24,000 sobrevivieron a la Marcha de la Muerte.

- En una interseccion, sobrevivientes de la Marcha de la Muerte forzados a abordar carros góndola de ferrocarril.
- Mike Jacobs es llevado a Mauthausen/Gusen II.
- Trabajando como maquinista en Gusen II, Mike Jacobs (tomando un riesgo personal) puede sabotear los aviones alemanes.
- El campo donde Mike Jacobs se encontraba es liberado por el 41avo. Batallón dela 11ava. División Blindada del Ejército los Estados Unidos de Norteamérica, los Thunderbolts. (Mayo 5.)
- No dispuesto a que se le enviara a un Campo para Personas Desplazadas, Mike Jacobs camina hacia Linz.

* * *

Después de cinco años y medio en guetos y campos de concentración, Mike Jacobs, a la edad de 19 años y seis meses, pesaba solamente 70 libras.(32 kilos.)
El más jóven de seis hijos, Mike perdió a toda su familia inmediata y un poco más de 80 parientes de su numerosa familia.

* * *

Post-Guerra
- Mike permanece en Mittenwald, Alemania, por cinco años y medio, enseñando atletistmo, organizando grupos deportivos y trabajando como encargado de una tienda.
- En 1951, con la ayuda del Comité Judío Unido de Distribución y del HIAS (Sociedad de Ayuda para Inmigrantes Hebréos) Mike se muda a Dallas, Texas.
- Después de establecerse en Dallas, Mike Jacobs se involucra en muchas organizaciones con la comunidad judía. Mike se convierte en una fuerza mayor en el desarrollo del programa de futbol soccer en Dallas.
- En 1953, Mike contrae nupcias con Ginger Chesnik, nacida en Dallas. Tienen cuatro hijos: Mark, Debbie J. Linksman, Andy y Reuben y cuatro nietas, Rivka, Leeza, Sarah y Aviva.
- Mike en 1954 funda su compañía, Jacobs Iron and Metal Company y se convierte en líder en la industria de deshechos. La compañia evoluciona y se convierte en el "Grupo Jacobs."

- En 1977 Mike organiza a los sobrevientes del Holocausto en el área de Dallas (Con la apertura del Centro Memorial el grupo de sobrevientes se disolvió.)
- Mike Jacobs funda el Centro Conmemorativo de Estudios del Holocausto en Dallas y es inaugurado en Abril 15, 1984.

APÉNDICE 2
MAPAS

EUROPA CENTRAL, 1929

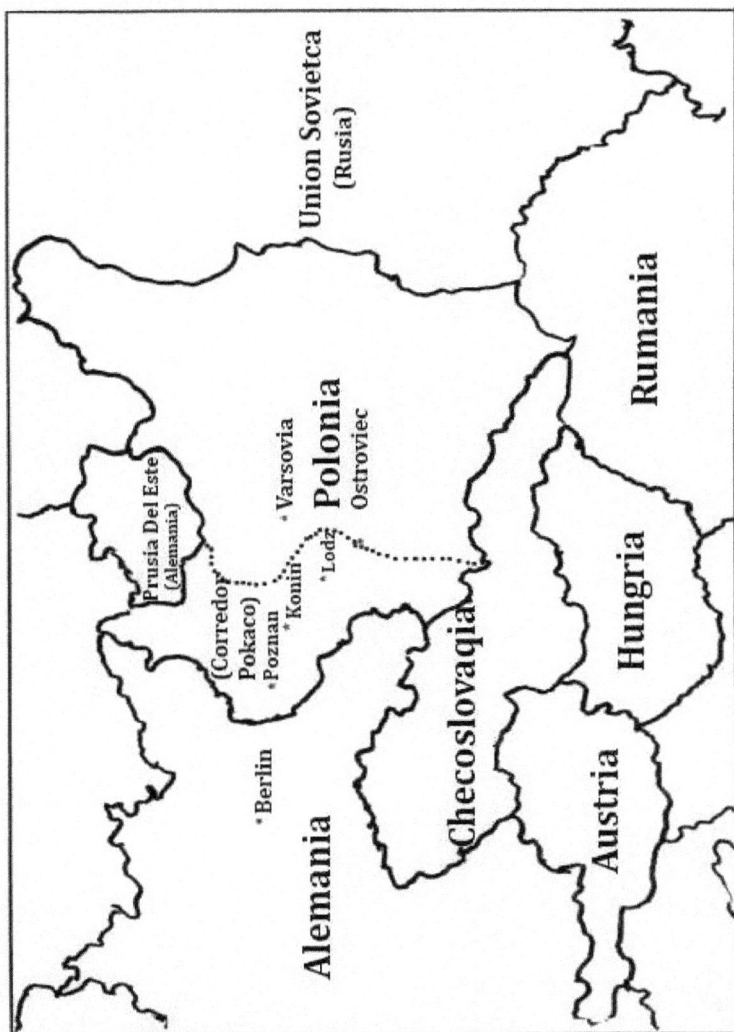

Union Sovietca
(Rusia)

Rumania

Prusia Del Este
(Alemania)

Polonia

* Varsovia

Ostroviec

(Corredor
Pokaco)

* Poznan

* Konin

* Lodz

Hungria

* Berlin

Checoslovaqia

Austria

Alemania

POLONIA, HOY EN DÍA

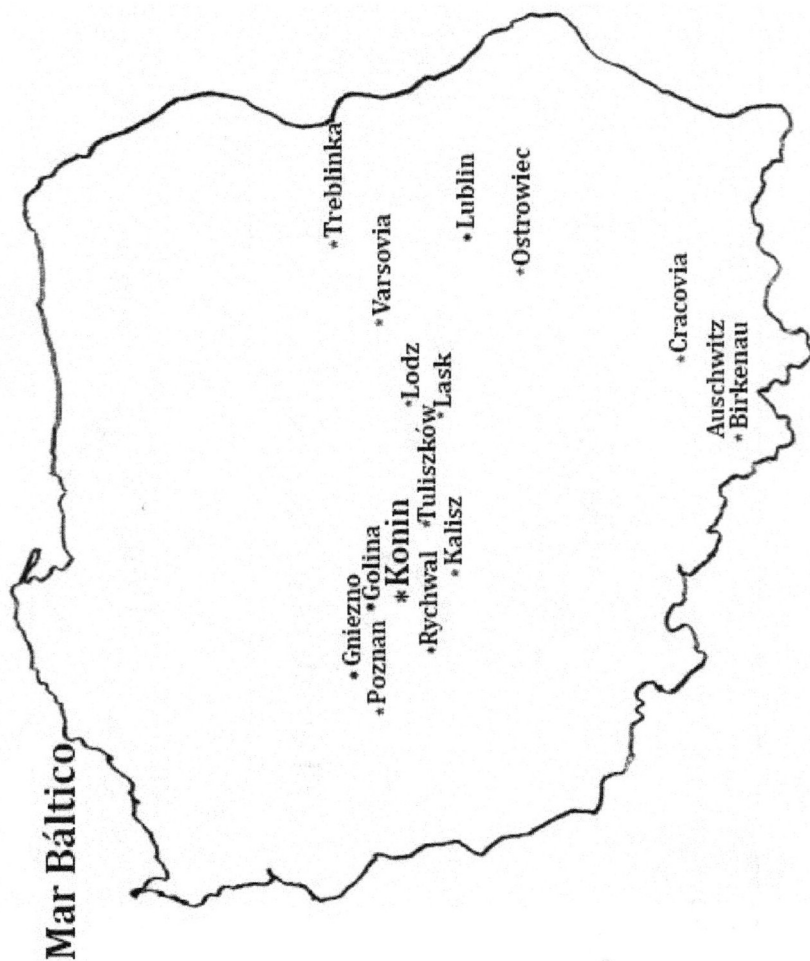

Mar Báltico

*Treblinka

*Varsovia

*Lublin

*Ostrowiec

*Cracovia

*Lodz

*Tuliszków *Lask

Auschwitz
*Birkenau

*Gniezno
*Poznan *Golina
*Konin
*Rychwal *Kalisz

KONIN

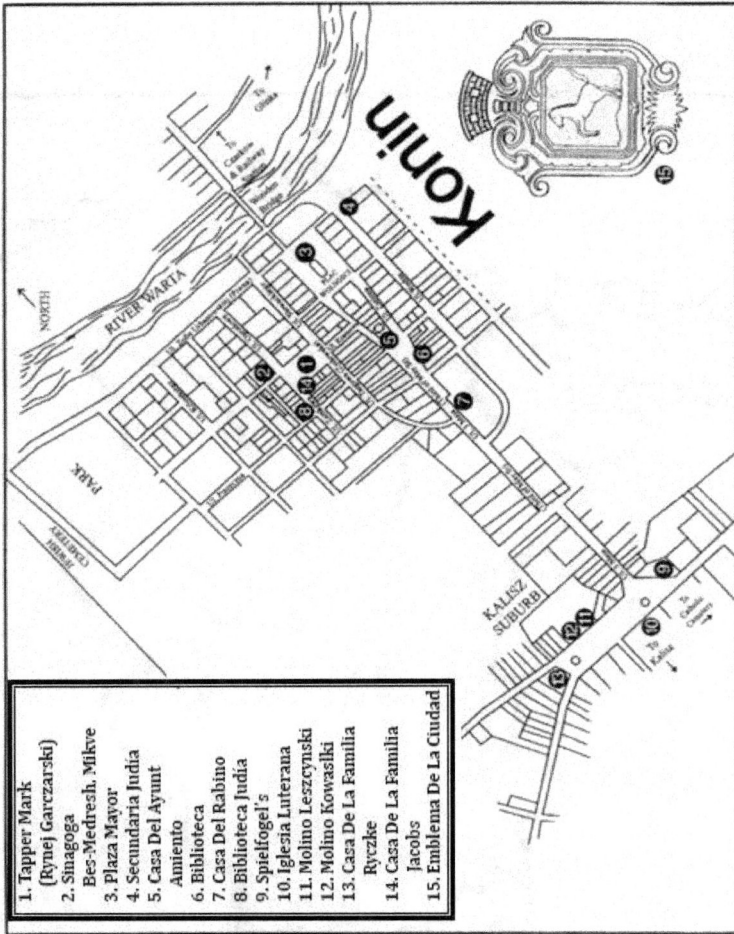

1. Tapper Mark
   (Rynej Garczarski)
2. Sinagoga
   Bes-Medresh. Mikve
3. Plaza Mayor
4. Secundaria Judia
5. Casa Del Ayunt
   Amiento
6. Biblioteca
7. Casa Del Rabino
8. Biblioteca Judia
9. Spielfogel's
10. Iglesia Luterana
11. Molino Leszcynski
12. Molino Kowaslki
13. Casa De La Familia
    Ryczke
14. Casa De La Familia
    Jacobs
15. Emblema De La Ciudad

ALEMANIA 1942

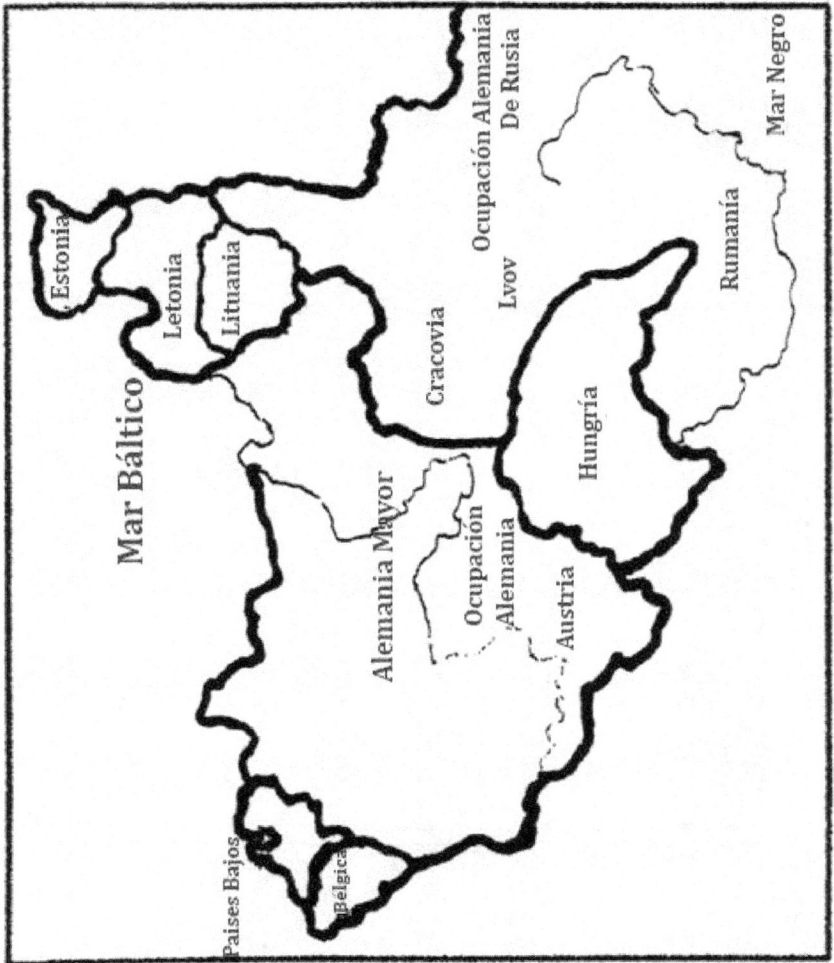

Estonia
Letonia
Lituania
Ocupación Alemania
De Rusia
Mar Negro
Rumanía
Lvov
Cracovia
Mar Báltico
Hungría
Alemania Mayor
Ocupación
Alemania
Austria
Países Bajos
Bélgica

APÉNDICE 3

Correspondencia y Artículos

Desde 1956, Mike Jacobs ha hablado públicamente acerca del Holocausto. ¡Hasta esta fecha, aproximadamente ha dado presentaciones a unas 500,000 personas! La colección de cartas y artículos de Mike llenan cincuenta y dos carpetas de tres pulgadas cada una. A medida que continúa hablando, su colección constantemente crece.

Este pequeño grupo de cartas, artículos de periódicos y escritos de estudiantes ilustra el efecto que Mike ha tenido sobre su público. Algunos nombres se han cambiado para proteger la privacidad de quienes han escrito.

* * *

Secundaria Lakeview Centennial
Garland, Texas
Febrero 26, 1992

Sr. Jacobs,

Señor, primero me gustaría decirle que de ninguna forma nadie me ha forzado a escribirle esta carta. No, le estoy escribiendo solamente por hacerlo o solamente porque sí, yo lo quería hacer! Quería escribirle para expresarle mis sentimientos sobre el Holocausto. Para mi, la vida es tan preciosa. Ahora, también tengo cicatrices en mis brazos, pero no porqué alguien me las puso ahí, si no por que traté de terminar con mi vida. Había intentado esto en diferentes maneras, una de estas ocasioness me dejó cicatrices bastante grandes. También hubo un tiempo en que yo tenía una esvástica (swastika) tatuada en mi brazo, la que hoy en día todavía es muy visible.

Creo en lo que usted me ha dicho: odio de seguro propaga odio. Creo que lo he aprendido en un camino difícil. Ahora me doy cuenta que tan valiosa es mi vida. Por supuesto, todavía hay días en que quisiera estar muerto, pero me doy cuenta que, también yo, debo de vivir. Usted se dio cuenta que tenía que vivir para contar su historia y ayudar al mundo a evitar que la historia se repita. Pero me he dado cuenta que debo de vivir por una razón diferente, y todavía no estoy seguro, cuál es esta razón, pero me quedaré por aquí para saber ¡el por qué!

¡Usted se estará preguntado por qué le estoy diciendo esto! pero mi razón es que usted hizo que me diera cuenta, que cualquiera que fuera mi problema y que tan grande pudiera parecerme nunca será tan grande para no poder manejarlo.

No creo en odio. Honestamente puedo decir que no odio a nadie. Tampoco creo ser una mala persona o que pueda ser cruel hacia otro ser humano. No lo puedo hacer y no lo haré. Es gracioso, porque cuando yo creía que los nazis eran divertidos y creía en esvásticas, (swastikas.) en realidad no me daba cuenta en lo que yo creía. Creía que solamente tenía que ver con Negros y Blancos, pero también estaba equivocado. Ahora, sé que no creo en esas cosas, y verdaderamente creo que nunca creeré en ellas.

Señor, solamente quería decirle que verdaderamente siento que se necesita ser una persona especial para dedicar tanto tiempo a una misión, así como usted lo ha hecho. Estoy feliz de saber que nuestra generación tiene a alguien como usted para tenernos informados. Siento muchísimo que mis hijos no tendrán la misma suerte. Gracias señor por venir a nuestra escuela para hablar con nosotros. Sí lo sabe o no, usted ha cambiado la vida de muchas personas, incluyendo la mía.

A.O.

* * *

Agosto 11, de 1993

Estimado Sr. Jacobs,

Ayer vine con un grupo de mis familiares: los Benavides. Anteriormente era un "cabeza rapada (extremista.)" Desde que yo tenía 12 años, estuve involucrado en drogas por 3-1/2 años. Ahora tengo 15 y he estado sobrio y libre de drogas desde hace casi ocho meses. Mi interés por los "cabeza rapadas" aumentó al estar más involucrado en las drogas. Como usted, dijo, yo no creía que en ralidad el Holocausto había sucedido. Así que cuando vine a su presentación ayer, estaba determinado a ignorar todo lo que usted dijera. Pero mientras usted hablaba, empecé a pensar en mis creencias del pasado, y me dije, ¿cómo alguien pudiera inventar tal mentira y mantenerla por tantos años? y ¿si Hitler era realmente humanitario, entonces como toda esa gente pudo morir tan rápidamente y en forma tan brutal?

Usted ha hecho tal impacto en mí vida que darle las gracias solamente no sería suficiente. Traté de cometer suicidio, sentía que todos mis problemas eran enormes, y solamente la muerte los podía aliviar, pero cuando usted habló de su vida y el trauma por el que pasó, únicamente puedo decir que mis problemas no eran nada comparados con los suyos. También creo que si usted sobrevivió esa vida tan terrible, entonces de seguro que puedo sobrevivir a la mía. Admiro todo los logros en su vida—¡hablando de su pasado y llegando a tantas personas, es un enorme logro! Si algún día todos fueran cómo usted, este mundo sería un mejor lugar.

Gracias,
J. W.

* * *

Abril 17, 1991

Estimado Sr. Mike Jacobs,

Ayer junto con otros estudiantes de la Universidad Metodista del Sur de la clase del Sr. Tyson, tuve la buena suerte y oportunidad de poder visitar su centro y escucharlo hablar acerca de sus experiencias. Deseaba expresarle mi gratitud pero no encontré las palabras apropiadas cuando estuve en el Centro Conmemorativo, por lo tanto he decidido escribirle esta nota. El escucharle hablar de sus experiencias desde su perspectiva como la persona que las vivió, creo que finalmente para todos nosostros fue una oportunidad para situar un rostro de hoy en día con toda la información y descubrir una realidad más allá de los antiguos documentales y libros…que mi generación (desafortunadamente) tiende a distanciarse de si misma.

Había estado…informado acerca del Holocausto por la mayor parte de mi vida [y]….tuve que luchar con las preguntas que vinieron a mi mente. Mi tío bisabuelo estuvo entre los liberadores en uno de los campos, y mi tío abiertamente compartió su historia conmigo. Es ahora cuando me doy cuenta por qué lo hizo. Ahora que soy estudiante de la Universidad estudiando Alemán y la cultura alemana, me siento más y más desconcertado conociéndo más de cerca sobre el Holocausto y francamente no sé que hacer con estos sentimientos. Habiendo pasado un tiempo en Alemania, quizá estaba buscando una respuesta. ¿Cómo es que esta gente pudo cometer tal crimen? Estas personas que me trataron tan bien, con sonrientes rostros y con palabras amables, ¿cómo pudieron hacer tal cosa? Sin importar el hecho de que ni yo ni mi familia somos descendientes de judíos, para mi es un asunto de humanidad. Así que escribo todas estas palabras para expresarle el sentimiento maravilloso que me causó escucharlo hablar solamente de amor y no de odio. Usted no odia a los alemanes por lo que pasó—ni yo lo haré. Quizá parezca tonto, pero quizá necesitaba su "sello de aprobacion" para perdonar a todos los alemanes por lo sucedido.

Con esto no quiero decir que deseo olvidar—y usted tiene mi promesa honesta que por el resto de mi vida defenderé el hecho de que el Holocausto, sí ocurrió y pasaré mi conocimiento a la siguiente generación. No será olvidado. Y sí algún día tengo hijos, ellos oirán la historia de la oportunidad que tuve de conocer a un sobreviente actual—para que ellos, también, no duden de la existencia del Holocausto.

Deseo concluír esta carta dándole las gracias por sus palabras de esperanza y fortaleza. Testificando yo mismo que usted pudo sobrevivir tales pruebas y que ahora puede reír, ser feliz con esperanzas y ama, es verdaderamente una inspiración. Sé que cualquier obstáculo que encuentre en mi vida lo venceré—y siempre lo tendré a usted en mente para mi consuelo._Aunque debo de admitir que no soy terriblemente religioso, me gustaría decir: "Dios lo bendiga, al igual que a su trabajo, hoy y en el futuro."

Mis mejores desos, y muchas gracias de nuevo,
K. D. – Clase de 1998 SMU

* * *

Noviembre 29, 1999
Por Wendy Topletz
[Ensayo explicando quién es su héroe y porqué]

Después de escuchar su inspirada historia sobre el Holocausto, quizá pueda decir que Mike Jacobs es mi héroe. Por sobrevivir la terrible obscuridad de la Segunda Guerra Mundial, es un hombre muy valiente y firme en su fe. Como un verdadero creyente del Judaísmo, nunca ni una una vez dio por vencida su esperanza en Dios, aún cuando pasaba sus peores batallas. Mike Jacobs es un hombre brillante quien hizo del Holocausto un momento para recordarlo para siempre. A pesar de las terribles experiencias que vivió, su actitud positiva le trajo mucho éxito. Aunque los nazis al Sr. Jacobs le quitaron su nombre, a su familia y sus amigos, el nunca entregó su alma. Su perspectiva optimista y su fe en la vida es lo que le admiro. El Sr. Jacbos es un hombre generoso y amable, y ha dado mucho a la comunidad judía. Esto en *yiddish*, es lo que llamamos un *mensch*. El Sr. Jacobs ha hecho mucho más que sobrevivir el Holocausto— pasa su vida conscientizando a otros de este hecho.

Realmente el es muy cercano a mi familia. Mi abuelo, Jules Colton, es la persona que le consiguió el primer trabajo al Sr. Jacbos cuando cuando llegó a Dallas.

Mike Jacobs trajo el deporte del futball soccer al Norte de Texas y lo más importante, hizo que mucha gente tuviera consciencia sobre el Holocausto. Este hombre es mi héroe.

* * *

Febrero 16, 2000

Estimado Sr. Jacobs,

Palabras sencillas no pudieran describir mi agradecimiento hacia usted por su tiempo y presentación a los estudiantes en el teatro de la secundaria Richardson el juéves pasado. Aunque para usted debe de ser doloroso describir los horrores que soportó, le puedo decir que el impacto que dejó en estos estudiantes de secundaria, hizo toda la diferencia del mundo.

Hubiera querido que usted hubiese estado con nosotros cuando nos reunimos para procesar lo que habíamos aprendido y discutir cómo poder aplicar estos conocimientos a la obra de teatro y a los personajes que los estudiantes representarían. Creo que en el pasado ninguno de ellos había entendido el grado de horror que los nazis crearon en el Shoah. Todos ellos se ilustraron en este asunto y sus crudas emociones fueron expresadas en forma increíble. Su historia les tocó el corazón, y ninguno de ellos verá la vida en la misma forma que antes. Muchos de ellos expresaron sus deseos de pensar bien antes de hacer un comentario acerca de alguna raza o religión de las personas, se dieron cuenta de lo que puede causar el "no hacer nada." Desde ese día los estudiantes han ensayado intensamente. Antes solamente jugaban a actuar, pero ahora su papel es muy real.

El mensaje que más fuerte y directamente les llegó al alma, fué su creencia en nunca dar por perdida la esperanza. Todos tenemos momentos en nuestras vidas cuando todo parece estar sin esperanzas, pero su descripción de fortaleza y fe nos hizo darnos cuenta que la esperanza es lo que nos mantiene adelante. Gracias por compartir ese regalo.

Una vez más, desde el fondo de mi corazón, gracias. El jueves pasado presencié como en los estudiantes se desarrolló un milagro, en la transformación de sus actitudes y percepciones. Solamente su voluntad de compartir, lo hizo possible.

Sinceramente,
Sally Grant Finberg

[De] Joan Weston – Colegio Brookaven
Diario 14
Febrero 26 y Febrero 29

Bien, hoy visitamos el museo del Holocausto. Saben, fue una experiencia increíble. Sé muchísimo acerca de los campos de concentración y toda la historia, por lo tanto sabía que íba a ser una experiencia sombría y conociéndome a mí misma, me iba a alterar y posiblemente iba a dejar correr unas lágrimas. Pero me sorprendió mi reacción. Había visto la película de Spielberg y en realidad había conocido sobrevientes con anterioridad, pero lo sabía porque había visto sus números. Nunca hablamos de sus experiencias; solamente intercambiamos palabras de cortesía, y pretendí no haber notado esos números. No fue por falta de respeto, más bien porque pensé que sería inoportuno y cruel de mi parte el mencionar todo lo que pasaba por mi mente. Siempre pensé que les produciría heridas de dolor y no quería hacer tal cosa.

Así que hoy cuando conocí a Mike, estaba abrumada de emoción. Durante la conferencia, ya estaba contrariada, porque era aparente que Mike en verdad estaba reviviendo sus recuerdos. Podía sentir su dolor, por supuesto, solamente en un menor grado. Me sentí abrumada por la inhumanidad del hombre. Lastimada por la confusión, no física, pero dentro de lo más profundo de mi existencia, en el lugar más inocente y privado de lo que soy. Cuando Mike habló del bebé que tuvo en sus brazos y como todavía podía sentir el calor de la criatura, mi corazón se inflamó de dolor por él. El Sr. Jacobs tiene que traer con el esos recuerdos cada día de su vida. Es tan valiente. No porque sobrevivió, pero porque debe de vivir cada día del resto de su vida para todas esas personas que se perdieron. Cada una de ellas viven en el alma de Mike Jacobs. Las pueden ver mirando hacia afuera a través de sus ojos, cuando Mike nos suplica que nunca olvidemos, que nunca nos quedemos en silencio. Cada escalón lo caminan con el, apoyándolo cuando se cansa.

¿Cómo vivir con el dolor y todavía amar a la humanidad?

Después de la conferencia, Mike se acercó hacia mi y mi amiga y me hablaba sobre el horror de tener a Pat Buchanan corriendo para presidente, ¿cómo es que Buchanan no creía que hubo un Holocausto? Desesperadamente, yo quería tener algo de conección con Mike, algo breve, un enlace fugaz que se quedara profundamente arraigado en mí memoria. Pero ni siquiera podía hablar. Estaba totalmente sobrecogida de emociones. Lágrimas silenciosas rodaban por mi cara, Mike me miró a los ojos y ví que pensó que yo era tan joven e ingenua. Como si se sintiera impresionado por mi desconsuelo, Mike verdaderamente se veía sorprendido. Todo lo que yo podía decir era, "Mike," y después prácticamente yo estaba hiperventilando al tratar de contener mi llanto.

Mike me tocó el hombro y dijo, "Sientes las cosas con profundidad, eres muy sensible"

Entonces empecé a sollozar, casi como si hubiera recibido su permiso para hacerlo. Todavía estaba muy avergonzada. Me sentí tan tonta. Aquí estaba un hombre amable quien nos había dado un hermoso regalo. Había expuesto ante nosotros sus más profundos y dolorosos recuerdos, que sin egoísmo compartió con nosotros para que nosotros nunca sintamos los horrores y el dolor que él había tenido. ¿Y que hacer? ¡Le lloriqueé por todos lados!!

Cuando entramos al museo a través del furgón de ferrocarril. Me estaba recargando sobre la pared, pensado que era una réplica y después de que Mike nos dijo que en realidad en este furgón había transportado gente a su muerte, me pregunté si la madera en la que me recargué había sostenido a alguien como yo, con las mismas esperanzas y sueños. ¿Habrían recostado su cabeza contra esas mismas fibras de madera? Apenas si podía contener mis emociones. En realidad fue terrible.

Después de que se terminó la visita al museo, yo hubiera querido estar sola con mis pensamientos. Enseguida Mike señaló los huesos que había traído a Dallas en su último viaje. Mike me preguntó sí había visto los huesos. Estos parecían tener un significado especial para Mike, eran como si fuesen una representación especial de toda su experiencia. Pero para mi la experiencia más perturbadora fueron los objetos que Mike traía en una bolsa negra. Cuando elevó la barra de jabón para mostrarla y explicó de que estaba hecha, casi y me enfermo. No quería confrontar lo que me hizo sentir. Cuando nos mostró su gorra…bueno, todo fue como estar en casa, fue tan simbólico. La forma en que la sostuvo en sus manos fue diferente a como sostuvo otros objetos. La sostuvo con tal reverencia. Como si hubiese sido uno de los objetos más preciados que Mike tuviera. Me rompió el corazón. Pero cuando nos mostró los zapatos de bebé, realmente quería salir corriendo de ahí. Realmente quería levantarme y salir de esa sala—alejarme del dolor. Porque yo tenía la libertad de hacerlo—pero no lo hice, porque para mi simbolizaba el hecho de que Mike no tuvo esa opción. No importa que tan atroces los demonios fueron, el no podía huir de la situación. En su mente, o en su alma, no podía irse, porque siempre tenía que regresar a esa pesadilla. Así que de ninguna manera me iba a alejar de Mike. De ninguna manera.

Al terminar la visita regresé al grupo porque quería conversar con Mike. Estaba hablando de nuevo sobre Buchanan. Creo que realmente no podía creer que alguien que estaba postulado para presidente y a quien sorpresivamente le estaba yendo bien, pudiera pensar que el Holocausto fue una farsa. Me pareció que aún después de lo que había pasado y de haber hablado ante tanta gente, le era difícil comprender, tener que creer, tener que aceptar las declaraciones de Buchanan. Solamente escuché la conversación, pero no confiaba en que si yo hablara no lloraría de nuevo…

Más tarde caminé hacia Mike para darle las gracias por la mañana. Pensé para mí misma, aquí está tu oportunidad, no la eches a perder. Bien, ¿que se imaginan que pasó? Ahora Uds.no me conocen muy bien, pero estoy segura que no es difícil de imaginar. Todo lo que pude decir fue, "Muchísimas gracias, y las lágrimas empezaron a brotar de nuevo. Mike, se portó muy amable conmigo. Tomó mi mano entre las suyas y me preguntó mi nombre. Se lo dije….y el me dijo, regresa de nuevo y por favor trae a alguien contigo. Me fui dando tropiezos, tratando de no lloriquear de nuevo…..

Todo lo que puedo decir, es que estoy verdaderamente agradecida por la oportunidad de haber ido al museo esta mañana….de alguna forma creo que, alguién [yo] en algun momento, me salí del camino por el que verdaderamente habiese querido caminar. Había encontrado disculpas en mi mente: "Esto funcionaba en mi contra." Ahora ya soy mayor." "No sucederá de nuevo." Hoy después de conocer a Mike y conocer su historia, he encontrado una nueva perspectiva. Me doy cuenta que puedo hacer lo que mi mente me pida que haga. Soy capaz de cualquier cosa y de lo que sea. Mis sueños y esperanzas arden con más intensidad como nunca lo habían hecho en un largo tiempo. Mis llamas no habían dado calor a mi alma por un tiempo, habían ardido a fuego lento y se debilitaron como nunca. Pero me acabo de dar cuenta que me salí de mi camino….Me siento invencible, lo soy y todo está en mí. Solamente soy una persona pero unida a todos, por lo tanto, puedo y haré la diferencia. Mike Jacobs me dio un hermoso regalo cuando el compartió las experiencias de su vida, pero ha salvado la mía con su inspiración. Solamente desearía poder darle un regalo especial para reciprocar su gentileza.

Periódico: Dallas Morning News
Martes, Octubre 31, 1994
"Felicidades"
[Carta al Editor]

Acabo de leer su historia acerca de Michael Jacobs a quien se le ha otorgado el "Premio Esperanza para la Humanidad." Solamente deseaba decir "Felicidades."

En 1979, el Sr. Jacobs visitó mi clase de Historia Mundial del noveno grado de la secundaria Jr. en Richardson y nos compartió su historia. Me hizo tal impresión que hasta esta fecha pienso en él y recuerdo su historia. También he visitado el Centro Conmemorativo de Estudios de el Holocausto y lo he encontrado muy informativo. Esta visita aumentó el conocimiento que el Sr. Jacobs me dio cuando él visitó mi escuela. El Sr. Jacobs ha hecho ¡un gran trabajo!

Jamás olvidaré al Sr. Jacobs, ni la historia que nos contó sobre las víctimas y sobrevivientes del Holocausto. Pasaré su historia a mi hija y mis nietos, porque, como dijo el Sr. Jacobs a nuestra clase en 1979, nunca debemos de olvidar. Si lo hacemos, puede suceder de nuevo.

Gracias, Sr. Jacobs, por todo lo que usted hace. Por favor continúe educando a la gente, y si todos nosotros hacemos lo que nos corresponde, podemos estar seguros de que el Holocausto o algo parecido nunca más sucederá,

Jamie Specht
Plano

* * *

Noviembre 8, 1994

Estimado Sr. Jacobs,

Ralmente me dio mucho gusto verlo de nuevo cuando llevé a mi hija Amanda a visitarlo. El domingo, después de nuestra junta para planear la Fogata del Campamento, hice algo que venía queriendo hacer desde hace mucho tiempo. Decidí ver la posibilidad de transferir a una microcasetera la cinta que grabé de nuestra entrevista en 1980 cuando yo era estudiante junior en Berkner. Esto me facilitaría el poder usarla en mi máquina transcriptora (mi nuevo "juguete," y me gusta mucho).

Tenía preocupación que la cinta grande se hubiera dañado por tanto escucharla…tuve éxito en pasar la entrevista a una cinta pequeña, así que transcribí su entrevista.

Debo de decirle que a pesar de haber escuchado su entrevista muchas veces, el escribirla en máquina fue una experiencia por completo diferente. En realidad estaba ahí con usted, y en el ojo de mi mente, podía ver exactamente lo que usted estaba describiéndo.

La razón por la que transcribí su entrevista tiene dos propósitos. La primera es la de conservarla en forma escrita para mí, por si es algo le pasa a mi cinta original, y la segunda es para darle a usted una copia. La transcribí a la cinta pequeña exactamente mientras usted hablaba en la cinta original (aunque había unas palabras que eran en alemán y no supe como deletrearlas), quiero que usted la tenga, por sí acaso se decide a escribir su libro o simplemente desea colocarla en la biblioteca del Centro.

Cuando usted decida escribir su libro, me gustaría ofrecer como voluntarios, a mis ojos, oídos y dedos para hacer la transcripción. Todo lo que tiene que hacer es decirme lo que desea que escriba en la grabadora micro…Cuídese al igual que su familia y por favor déjeme saber, sí le puedo ayudar.

Sinceramente,
Jamie Specht

P.D. Si usted desea contar su historia a alguien más y desea que sea grabada, por favor deme una llamadita. Soy todo oídos.

* * *

Abril 14, 1983

Sr. Mike Jacobs
Jacobs Iron & Metal

Estimado Mike,

Siendo el orador sobresaliente que eres, quiero que sepas que tus amigos que nacieron después de la guerra y en este país, estamos muy orgullosos de haberte visto en el programa "Nightline" [Linea Nocturna] programa donde hablaste sobre tus experiencias en el Holocausto.

Me siento muy orgulloso de haberte conocido por todos estos años. estoy muy complacido por esta oportunidad, y a mi manera, trabajar para esta misma causa. Te prometo mantener el trabajo que hago para no permitir que la gente olvide lo que pasó a nuestra gente durante el Holocausto.

Sinceramente,
Phillip A. Aronoff

Prensa Unida Internacional
Octubre 11, 1983

Estimado Mark,

La historia sobre el proyecto de tu padre, recibió merecida atención en el escritorio general de la UPI [Prensa Unida Internacional.]
Hoy se transmitió a través de nuestro A-wire, [Cable-A] la que se reserva exclusivamente para historias importantes de significancia mundial.

Espero te encuentres bien,
Afectuosamente,
Debbie Wormser

* * *

[A continuación anexo la carta impresa de la Srta. Wormser, que se publicó vía AP-Wire {cable de la Prensa Internacional} – sobre la historia de Mike Jacobs.]

Furgón de Ferrocarril Nazi, se convierte en Monumento y Recordatorio

Dallas (UPI) —Como recordatorio de una era negra en la historia del mundo, un furgón de ferrocarril, con pintura descolorida y herraje corroído, se encuentra sobre bloques de madera a la entrada del Centro Judío Comunitario del Norte de Dallas.

Mike Jacobs quien coordinó un esfuerzo voluntario para que este furgón se embarcara de Bélgica al Norte de Dallas, dijo durante una entrevista que este furgón es un recordatorio del horror que miles de personas sobrevivientes como él resistieron en el Holocausto nazi.

"Cuando a los americanos se les dijo de la existencia de estos furgones, ellos pensaban que eran enormemente grandes. Este furgón fue construído para el cupo de 12 vacas," Jacobs procedió a dar los datos sobre este vehículo, el cuál mide 35 pies de largo, por 10 pies y 10 pies de alto.

"El furgón en el que fuí embarcado junto con mi familia y aproximadamente otras 100 personas era más o menos de este tamaño. Yo estaba en la esquina del vagón, mi madre en otro, y el resto de la familia por algún otro lado."

"Podía escucharlos gritando. Cada vez que entro a este furgón, puedo escuchar a mi madre y mis hermanas gritando. Nunca más las volví a ver. Saben, todavía puedo oler y ver sus lágrimas, la sangre, los cuerpos en este furgón."

El furgón con la letra "B" marcada a un lado y casi borrada, lo identifica como pertenencia del sistema ferroviario de Bélgica, es sólo uno de los miles que fueron usados por los nazis para transportar a los judíos europeos a través de toda Europa a los campos de concentración.

Jacobs, dijo, sus padres, tres hermanos y dos hermanas también fueron agrupados en manada en uno de estos furgones en 1939 y llevados a Treblinka, a donde a su familia entera se le dió muerte. A partir de esa fecha y por un poco más de cinco años, Jacobs de solamente 14 años, fue enviado de un campo de concentración a otro.

Mike fue rescatado por las tropas de los Estados Unidos de Norteamérica en Mayo 5, de 1945 en el campo ubicado en Mauthausen, Austria y reubicado a Dallas cuando tenía 19 años. Jacobs ahora maneja una compañia de chatarra. Mike y su esposa Ginger con quién lleva casado 35 años tienen tres hijos y una hija.

El furgón fue donado por el gobierno de Bélgica a la Organización Judía de Dallas. Ya trabajan en su instalación para su presentación en este mes y pronto este será parte del Centro de Estudios de el Holocausto que Jacobs está en proceso de establecer.

"Quiero que este sea un recordatorio constante de lo que los nazis nos hicieron," Jacobs dijo.

Mike Jacobs quien todavía tiene su número de preso B-4990 tatuado en su brazo izquierdo, dijo que el furgón le trae horribles recuerdos a mucha gente. Algunos se rehusan a entrar.

Ese es el punto, dijo Jacobs.

"Necesitamos continuar diciendo al mundo una y otra vez que esto es lo que sucedió y que puede pasar de nuevo," reiteró.

Jacobs dice que no tiene amargura y no se vengaría de aquellos que asesinaron a su familia si hoy en día los tuviera de frente.

Tengo una familia maravillosa y he aprendido lo que es amar y ser amado," expresó.

UPI Octubre 11, 1983.

* **

Noticias-Diario de Longview, TX
Sábado, Enero 6, 1996
"Recuerden...nunca Olviden"
Por Jill Hathaway

Mike Jacobs sobrevivió una de las más horribles atrocidades que jamás se hayan cometido, pero su historia habla de algo glorioso dentro del espíritu humano.

Mike de 70 años, sobreviviente del Holocausto dijo una y otra vez, durante su visita al Colegio Católico St. Mary el viernes pasado, que fueron "esperanza, fe y pensar positivamente" lo que lo sacó adelante durante los cinco años y medio que pasó en guetos judíos y en campos de concentración nazis.

Jacobs quien es el fundador del Centro Conmemorativo para Estudios del Holocausto, pasó más de dos horas hablando con los estudiantes del octavo grado de la la clase de Lenguaje del Arte que conduce Nancy Walker.

Los estudiantes también escucharon a Brown Nelson, padre de la Srta. Walker, quién, estaba entre los miembros de las fuerzas de los Estados Unidos de Norteamérica que liberaron el campo de concentración Dachau en Alemania.

El Sr. Nelson advirtió a los estudiantes no creer en aquellos que alegan que el Holocausto
nunca sucedió. "Al igual que el Sr. Jacobs afirma, estoy aquí para decirles que el Holocausto si sucedió."

Jacbos, nacido con el nombre de Mendel Jakubowicz en Polonia, fue robado de su juventud, su familia y por poco, también casi de su vida.

Solo tenía 14 años cuando el Ejército Alemán invadió Polonia en 1939. El joven de 19 años pesaba 32 kilos (70 libras) cuando fue liberado por soldados americanos de un campo en Austria en Mayo 5, 1945.

"Damas y caballeros, tienen el privilegio de escuchar a un sobreviviente del Holocausto, "Jacobs dijo a los estudiantes de St. Mary, agregando que sus hijos y nietos no tendrán esta oportunidad." De diez a quince años a esta fecha, no habrá sobrevivientes del Holocausto para contar su historia. Esta será su decisión.

"Sí salen de este lugar con odio y amaragura, no habré logrado nada," Jacobs dijo. "Recuerden lo que un ser humano puede hacer a otro."

"Puede suceder de nuevo, si nos quedamos en silencio y si somos condescendientes," nos advirtió. "Deben de recordar que ser libre, es hermoso!."

Jacobs quien empezó a contar su historia en 1956, cree que la razón por la que el vivió es para contar lo sucedido. "Me siento bien cuando la gente me quiere escuchar," dijo. "Me da mucha energia y fortaleza hacerlo."

El residente de Dallas, quien emigró a los Estados Unidos de Norteamérica en 1951, ha conducido visitas a sitios que fueron campos de concentración en Europa.

En 1986, junto con su familia hizo una peregrinación muy personal a Treblinka, Polonia, y al campo de concentración en Alemania donde su padre, madre, tres hermanos y dos hermanas fueron asesinados. Ahí lloró incontrolablemente en una lápida conmemorativa que el gobierno Polaco erigió.

Siendo un adolescente, soportó arduo trabajo, tortura y la constante pregunta al irse adentrando las fuerzas rusas: quién al día siguiente será el "seleccionado" para ser enviado a la cámara de gas o a una "Marcha de la Muerte."

Jacobs mostró a los estudiantes su número de prisionero que fue tatuado en su brazo y la cicatríz en su frente por una paliza que recibió con un látigo.

Estuvo prisionero en los campos de concentración de Ostrowicz y Auschwits-Birkenau en Polonia, así como en Mauthausen y Gusen II en Austria.

Entre 10,000 y 15,000 personas morían diariamente en las cámaras de gas en Auschwitez-Birkenau. A los niños los aventaban vivos a fosas mientras que los oficiales alemanes de la SS reían.

Al avance de las tropas Alemanas por toda Europa, los judíos a menudo fueron forzados a ir otras ciudades o a otras áreas donde tenían que vivir en condiciones horribles y deprimentes.

Jacobs recuerda cómo bajo las ordenes de un Sargento del SS fue forzado a limpiar y recoger pertencias abandonadas en las casas de un gueto porque los habitantes fueron forzados a ir a campos de concentración. Algunos padres desesperados, dejaron a sus hijos con la esperanza de que fueran rescatados.

En una casa encontró a un bebé gritando en su cuna, el Sr. Jacobs dijo.

"Todavía puedo sentir el calor de ese niño," al que levantó en sus brazos. Pero fue forzado a llevar al niño a un edificio alto. Tuvo que mirar, con horror, mientras los niños eran arrojados por las ventanas. Los miembros de la SS también disparaban hacia las ventanas y discutían sobre quién había tenido la mejor puntería.

Al estar hablando a los estudiantes de St. Mary's, Jacobs sostuvo un par de zapatos de aproximadamente 50 años de antigüedad, los que habían sido cuidadosamente amarrados juntos por una de los millones de madres que asesinaron.

Estos zapatos, "representan más de un millón de niños dijo. Recuerden….Nunca Olviden."

De: Judaísmo Mundial en Línea, Abril 2002

INVESTIGACIÓN

El instituto del gobierno Polaco inició investigaciones sobre los alegatos de varias décadas de antiguedad respecto a los rumores que indicaban que los nazis manejaban un instituto de anatomía en la ciudad de Gdansk donde experimentaban haciendo jabón con restos humanos.

Un reporte detallado llevado a cabo en la era Polaca-Rusa comisionado en 1946 indicó que en 1944, bajo la administración de Rudolph Spanner, director y profesor alemán del instituto durante la Segunda Guerra Mundial, confirmaron que fabricaron cerca de 90 libras de jabón usando restos humanos.

* * *

Periódico: Dallas Morning News
Junio 19, 1998

Sobreviente Del Holocausto enseña tolerancia.
Residente de Dallas perdió 80 parientes en los campos de muerte de los nazis.
Por Sandy Louey
Mike Jacobs nunca quiere olvidar el Holocausto.

Residente de Dallas de 72 años sobrevivió más de cinco años en los guetos y campos de concentración nazis. Más de 80 familiares, incluyendo a sus padres y cinco hermanos murieron.

Por más de 40 años, Mike ha dedicado su vida a educar a otras personas acerca del genocidio que reclamó la vida de unos seis millones de judíos europeos durante la Segunda Guerra Mundial. Ha tenido presentaciones en escuelas secundarias, iglesias, grupo cívicos, universidades—él habla a todos por igual.

El Sr. Jacobs, fundó el Centro Conmemorativo de Estudios del Holocausto en Dallas, dijo que quiere que sus oyentes no tomen su libertad como un hecho y que levanten su voz ante la intolerancia religiosa y prejuicios.

"No hablo con odio," afirmó. "Quiero que recuerden lo que una persona le puede hacer a otra, si guardan silencio y son condescendientes."

El miércoles en la noche, su audiencia en la Oficina del Norte del Centro Comunitario en Plano, solamente era de seis asistentes. Sin embargo, el tamaño de la audiencia no es lo que importa, dijo, lo importante es que otros conozcan sus historias.

"Debemos de recordar y nunca olvidar," afirmó el Sr. Jacobs, quien comentó que en el área de Dallas hay cerca de 100 sobrevivientes del Holocausto.

Neal Abramson de Richardson, que asistió a la plática el miércoles en la noche, dijo que le parecía increíble que todavía hubiera alguien que negara que el Holocausto ocurrió, especialmente con anécdotas de sobrevivientes como las del Sr. Jacobs.

"Mike Jacobs representa una evidencia que no se puede negar," agregó.

El Sr. Jacobs creció en Konin, Polonia y fue el más joven de seis hijos. En 1939 su familia fue llevada con las masas a la plaza principal y empacada como en manada en furgones de ferrocarril donde viajaron por tres días sin comida ni agua.

Fueron a parar a un gueto en Ostrowiec, donde apiñaron a 16 personas en una habitación pequeña.

En 1942, fue separado de su familia, la que fue enviada a Treblinka, uno de los campos de concentración. Un hermano que recién se había unido al Grupo Judío de Resistencia Clandestino fue fusilado.

El Sr. Jacobs permaneció en Ostrowiec, donde trabajó para un oficial de la SS que buscaba objetos de valor en los apartamentos de los judíos que habían sido deportados.

El dice haber visto a las tropas de la SS lanzando bebés desde las ventanas para usarlos como práctica de tiro al blanco. Un hombre anciano fue fusilado y cayó muerto en sus brazos. "Eso es lo que un ser humano puede hacer a otro," afirmó.

En 1944, fue enviado a Auschwitz-Bierkeanu, donde pensó que el humo saliendo de las chimeneas era porque horneaban pan. Cuando estuvo más cerca, se dio cuenta que el olor no era de pan, si no de piel de humanos.

Agua caliente fluía de las regaderas de los baños donde fue enviado, sin embargo otros murieron asfixiados con el gas que salía en baños similares.

"Esa gente nunca tuvo una oportunidad," el Sr. Jacobs declaró.

De Auschwitz, fue llevado a la Marcha de la Muerte en la nieve de Mauthausen-Gusen II, Austria. Se quedó ahí hasta que las tropas americanas lo liberaron en Mayo 5, de 1945.

Tenía 19 años pesaba 70 libras (un poco más de 31 kilos).

"Ellos pueden torturar mi cuerpo, pero no pueden toturar mi espíritu," afirmaba.

El Sr. Jacobs dice que él cree que sobrevivió porqué podía soñar y fantasear, aunque nunca sabía si estaría vivo al día siguiente.

"Nunca di mi esperanza por perdida," afirmó el Sr. Jacobs, quién se mudó a Dallas en 1951. "Siempre creí que iba a sobrevivir."

Entre los miembros de la audiencia, estaba Kim Finkelman de Dallas, quien recién comenzaba a trabajar como profesora en la escuela Secundaria Bowman de Plano ese otoño, ella afirmó "prejuicio e intolerancia de religión ocurren todos los días por el mundo."

La gente no debe quedarse sin hacer nada mientras otros son perseguidos, ella agregó.

"Si ellos no se levantan y dicen algo, es cuando los problemas pueden comenzar."

* * *

Se ha debatido una cuestión en lo que respecta a la historia del Holocausto, ésta es si los nazis fabricaron jabón de los cuerpos de sus víctimas o no. El siguiente artículo e impugnación fueron publicados por el periódico Dallas Morning News.
Periódico: Dallas Morning News
Martes, Septiembre 26, 2000
Museo del Holocausto disputa el Libro de la Historia del Jabón.
Prensa Asociada

Atlanta—El museo de los Estados Unidos de Norteamérica del Holocausto prohibió la firma de un libro convocada por el sobrino de un preso en Auschwitz que sugiere que los nazis fabricaron jabón de los cuerpos de los judíos que murieron en campos de concentración.

En una memoria publicada esta primavera, Ben Hirsch, escribió que cuando su tío estuvo en Auschwitz, fue forzado a fabricar jabón usando cuerpos humanos como materia prima.

El Sr. Hirsch, cuyos padres y dos hermanos murieron en los campos, también estaba entre el grupo de gente que enterraron cuatro barras de jabón en el cementerio de Atlanta conmemorando el Holocausto en 1970, con la firme creencia de que fueron hechas de grasa humana.

Pero muchos historiadores dicen que los nazis nunca usaron a sus víctimas para fabricar jabón, en consecuencia el Museo Conmemorativo del Holocausto de los Estados Unidos de Norteamérica no avala cualquier libro que opine lo contrario.

El Sr. Hirsch, un arquitecto de Atlanta, había planeado la firma de su libro *Escuchando a un Tamborilero Diferente* en el museo de Washington en Noviembre, pero los oficiales del museo dijeron que permitirle que lo hiciera, sería interpretado como aprobar sus propios puntos de vista, El periódico *Journal-Constitution* reportó el lunes.

"[Mr. Hirsch] abogaba por que se explorara un asunto que esencialmente no tiene salida." Peter Black el Jefe de Historia del Museo dijo al periódico.

Los representantes del museo no respondieron inmediatamente a las llamadas de la Prensa Asociada (AP) para hacer comentarios adicionales el lunes. Las cuatro barras, con el sello "RIF," fueron encontradas por un soldado judío que era miembro del la Fuerza Aérea de E.U.A. que liberó un campo de concentración al final de la Segunda Guerra Mundial.

Lo historiadores dicen que las iniciales equivalen a la traducción en alemán de *"Reich industrial fat." (Reich grasa inductsrial.)* Pero en el tiempo en que las barras fueron encontradas, la letra "I "era leída como una inicial "J" y dichas iniciales se interpretaron como *Reines Juden Fett*, o *"Grasa Pura Judía."*

La esposa del soldado fue quien encontró las barras en el sótano de su casa en 1970. La pareja llamó al rabino, quien arregló el funeral en el cementerio Greenwood de Atlanta. Las barras todavía están enterradas ahí.

"Aquí hay una cuestión religiosa," dijo el Sr. Hirsch. Estos no solamente son jabones. Por eso fueron enterrados como si hubiesen sido seres humanos."

El Sr. Hirsch dice que su tío, quien ya había fallecido cuando se encontraron las barras, le había dicho al hermano del Sr. Hirsch, que los nazis usaban los cuerpos humanos para fabricar jabón.

Las memorias del Sr. Hirsch, en su mayoria dedicadas a su experiencia como soldado de los EUA en Alemania, siguen en la biblioteca del museo. Pero el museo distribuye una hoja de hechos explicando que la controversia de que los nazis usaron cuerpos humanos para fabricar jabón es un rumor no confirmado.

"Esta historia del jabón sigue dando vueltas," dijo Deborah Lipstadt, una profesora de historia la Universidad Emory, quien recientemente impuso una demanda por difamación en contra de un Letrado de origen Inglés a quien ella acusó de negar que los nazis masacraron a millones de judíos. "El jabón se volvió como la metáfora—los mataron e hicieron jabón de ellos—para mostrar que terrible fueron los nazis.

"Yo no diría…[los nazis] nunca lo hicieron. Dejaría la puerta con una abertura pequeña."

* * *

Periódico, Dallas Morning News
Octubre 7, 2000
Jabón Humano de los Nazis
Re: "Museo del Holocausto disputa la historia del libro sobre el jabón," Sept. 26.

Mi padre era el comisario de la corte en los Juicios de Nuremberg. Una de sus responsabilidades era la de resguardar la seguridad de los documentos anexos, evidencia y testigos, asi como asegurar que se llevaran a cabo audencias adecuadas en la sala de la corte.

En Octubre 4, de 1946, tres días después que se leyeron los veredictos de los defensores del "Juicio de Goerin," mi padre personalmente nos permitió a nosotros, su familia, ver alguna de la evidencia. Recuerdo el mal sentimiento que me causó ver una cabeza reducida, la pantalla de una lámpara hecha de piel humana, exhibiendo un tatoo, y el pomo amarillento lleno de jabón humano hecho de las víctimas de los campos de concentración entre otras pruebas que fueron presentadas en juicios y que están documentadas en sus registros.

No tengo que confiar en mi memoria solamente: fue anotado en mi diario el que yo guardaba mientras estabámos en Nuremberg, así como a través de conversaciones telefónicas y correspondencia con un grupo de sobrevivientes que estuvieron presentes en el juicio. También quedó registrado en la transcripción oficial del juicio. En la página 16924 de la "Transcripción Oficial del Tribunal Internacional Militar….presidida por el Jefe de Justicia Lawrence," la primera línea del tercer párrafo del registro se lee, "Después de la cremación, las cenizas fueron utilizadas para fertilizar; y en algunos casos, se hicieron intentos de utilizar grasa del cuerpo de las víctimas en la manufactura comercial de jabón."

Los así-llamados historiadores que se mencionan en el artículo debieron haber omitido esta documentación. Seguramente que ellos tienen acceso a la transcripción completa. El juicio presenta hechos, que fueron probados durante el juicio, más no presenta alegatos. Que los nazis hicieron jabón de seres humanos no es una "metáfora"; es una realidad horrible. Ellos estaban buscando a ver si podían usar los cuerpos como una fuente para hacer jabón. Ellos removieron todas las obturaciones de oro de los dientes de las víctimas, así como las vestimentas de sus cuerpos. Ellos ensayaron experimentos médicos horribles en seres humanos en laboratorios donde tampoco nosotros ni siquiera enviaríamos a los ratones. Las atrocidades de los nazis fueron despreciables. Asumir que esto fue sólo una metáfora es ignorar ciegamente los hechos.

Kathy Smtih
Dallas

Febrero 11, de 1992

Estimado Mike,

Muchísimas gracias por la presentación que diste a los pacientes con desordenes alimenticios en Febrero 5, de 1992. Aprecio el que hayas revivido tus experiencias con los pacientes. Es verdaderamente sorprendente haber conocido sobre tu actos de valor y no tener enojo hacia quienes cometieron actos tan horrendos. La historia que compartiste, verdaderamente, no solamente tocó el corazón de los pacientes sino el mío también.

Pienso que fue verdaderamente maravilloso como hablaste a los pacientes, haciéndoles saber que ellos son hermosos. Realmente es difícil para ellos que se sientan agusto consigo mismos. Muchos de estos pacientes han tenido este problema por tan largo tiempo que ellos se han olvidado de la bendición que es estar con vida. Les hiciste pensar largo y tendido acerca de el regalo que éllos han recibido. También para ellos fue maravilloso escucharlo de alguien no directamente asociado con el Programa de Desordenes Alimenticios.

Gracias de nuevo por ayudarme a encontrar esta oportunidad para compartir tu historia con nosotros. Fue un verdadero placer.

Anexo carta de uno de nuestros pacientes anoréxicos.

Sinceramente,
Ginger L. Giles
Terapeuta Especialista de Recreación

* * *

[La siguiente carta es el anexo al que la Srta. Giles hizo referencia]

Estimado Sr. Jacobs,

Muchas gracias por su presentación y el tour en el museo del Holocausto. Su actitud positiva—después de haber pasado por tal crisis—me da mucha esperanza. He tenido anorexia por 13 años y definitivamente ha sido una crisis. Me he perdido de mucho en la vida. Hoy me siento tan egoista, escuchando por todo lo que usted pasó, sin haber sido su elección, porque usted fue forzado a ello. Aquí, donde he tenido la oportunidad de no morirme de hambre, escogí hacerlo así. La comida ha sido mi enemiga, mientras que usted hubiera sido muy feliz de tener comida para alimentarse.

Gracias por su apoyo y su tiempo. Le aseguro que usted es una persona muy especial!

Sinceramente,
L. T.

Mike recuerda la siguiente historia relacionada con otra paciente de anorexia.

Un día al ir caminando en el centro comercial de Valley View en Dallas con mi esposa y mi hijo Rueven, una chica adolescente vino corriendo hacia nosotros y me abrazó. Ella me dijo, "¿No se acuerda de mi?"

Contesté, "Claro que si," Pero realmente no la recordaba, ya que hablo ante tanta gente.

De nuevo preguntó, "¿No se acuerda de mi?" Finalmente ella se dio cuenta que yo no la recordaba. Después agregó, "Hace una semana usted habló a un grupo de chicas con desordenes alimenticios y yo estaba ahí." Dijo, que había escuchado muy cuidadosamente todo lo que les había contado, la forma en la que viví mi adolescencia y como sobreviví el Holocausto siendo un adolescente.

Le había preguntado al grupo, "Cuando en la mañana se levantan sin maquillaje y sin rizadores en su pelo y se vean en el espejo, ¿que es lo que ven?"

El grupo estaba muy callado.

Les pregunté de nuevo, "¿A quién ven?" Después les dije, "Cuando se vean en el espejo, mírense a ustedes mismas, digan, "Yo soy la mujer más hermosa del mundo." "No le permitan a nadie decirles que no lo son."

La joven me dijo que cuando ella fue a casa, dijo a su madre que ya no regresaría al grupo. "Estoy curada," reiteró a su madre.

La madre contestó, "¿Qué quieres decir con que no regresas al grupo?"

"Estoy curada", la chica dijo de nuevo.

Ella me dijo que su madre, "Empezó a llorar."

Mientras hablábamos, ella llamó a su madre para que viniera a nosotros y le dijo, "Este es el hombre que habló a nuestro grupo."

La madre me tomó de la mano y dijo, "Gracias por ayudar a mi hija. Ella es tan hermosa y feliz—usted cambió su vida."

* * *

Esta carta es la nieta mayor de Mike, Rivka. Zaide en yiddish quiere decir "Abuelo."

Julio 8, 1998
Querido Zaide

Algunas veces olvido que tan especial eres. No sé cómo podría vivir sin tí. Por los últimos quince años, lo he dado por hecho. Nunca he tenido la oportunidad de escucharte hablar. Totalmente resiento el hecho que nunca me he sentado a tomar notas y escucharte.

Si ahora mismo estuvieras conmigo aquí en el campamento, te daría gusto saber que finalmente me senté durante todo el programa del Holcausto, ¡sin tener que levantarme y salir de la sala! Me tomó mucho tiempo poder lograr ésto. Mientras el programa se presentaba, solamente te tenía a tí en mente. Imaginé a tí y al resto de tu familia en las diapositivas. Me dolió mucho tener que verlas, porque en todo lo que podía pensar es en lo que te hicieron. Lentamente me estoy permitiendo abrirme y escuchar las diferentes historias del Shoah. Me disculpo que me haya tomado todo este tiempo el poder escucharlas. En el futuro, cuando me sienta más preparada que hoy en día para escuchar, quiero poder sentarme y hablar contigo. Sé que Leeza, Sarah y Aviva lo han podido hacer, y siento que me he quedado atrás. Por favor no te enojes conmigo porque no pueda hacerlo y tengo que admitirlo en esta carta. Es que es muy difícil abrir mis sentimientos respecto a este doloroso hecho. Me duele tanto que no tengo la seguridad de poder escucharte. Para mí eres la persona más importante en el mundo. Te quiero tanto. Lo escribo desde el fondo de mi corazón. Te amo.

Amor, siempre y para siempre,
Rivka

* * *

Octubre 11, 2000
Colegio Brookhaven

Estimado Sr. Jacobs,
No tengo palabras para expresarle de que manera su plática ha
afectado mi vida. Regresé a la casa de mi madre al terminar la
plática y le conté de su presentación. He tenido buena educación
sobre el Holocausto, pero en realidad el horror del mismo, nunca me
había pegado tan fuerte, sino hasta ayer que lo escuché. Pienso que
la sociedad hoy en día, incluyéndome a mí, hemos sido
desensibilizados a la violencia...El Holocausto era casi irreal para
mí. Al hablarle a mi madre de usted, ella me dijo que yo también por
parte de mi padre había perdido parientes en el Holocausto. No sabía
que mi abuelo era judío hasta ahora. Me dijo que la madre de mi
padre era rusa y que su padre era polaco. Me ha hecho interesarme
por mis ascendientes. Rezo para que su trabajo se siga expandiendo
y que la gente continúe conociendo sobre los horrores del
Holocausto. Como usted dijo, "no para propagar odio, pero para
crear conciencia y no permitir que pase de nuevo."

Gracias de nuevo.
Que Dios lo proteja.
Tara Tinsley

Estado de Texas
Oficina de la Gobernadora
Septiembre 30, 1994

Saludos a:
Mike Jacobs

Como Gobernadora de Texas, es un gran placer felicitarle por su reconocimiento "Esperanza a la Humanidad" otorgado por el Centro Conmemorativo para Estudios del Holocausto en Dallas y lo saludo por los muchos años de sobresaliente trabajo en su comunidad y para los ciudadanos de Texas.

Es apropiado que usted—el motor detrás el Centro del Holocausto y un campeón de los sobrevivientes del Holocausto—sea honrado con este premio. Como el Ave Fénix que se levantó de las cenizas, usted es prueba viviente de que alguien con valor, fe y visión puede unir y sanar a la gente aún después las abominables atrocidades que se cometieron. Usted ha sido el guardian de las memorias—de vidas perdidas, eventos trágicos y horrorosas escenas—que no deben de ser olvidadas, porque sí olvidamos, nos desviamos del camino de renovación y tolerancia.

Usted y el Centro del Holocausto son una verdadera luz de esperanza para la comunidad y muchos lo buscan para encontrar consuelo y apoyo. Su fortaleza es una inspiración para todos nosotros, y saludamos sus esfuerzos incansables para ayudar a otros a romper las ataduras de los prejuicios y crueldad. Los servicios que usted nos ha dado y sus actos caritativos que ha realizado son invaluables.

A nombre de todos aquellos a quienes usted ha ayudado y por aquellos a los que usted ayudará en el futuro, le ofrezco mi más profunda gratitud. Estoy encantada que se le haya reconocido con este premio. Ciertamente usted se lo ha ganado.

¡Todo lo mejor!
Sinceramente,
Ann W. Richards
Gobernadora

Patricia Hesse
Coordinadora de Talento
Escuela Pública Weiner
Weiner, Arkansas

Noviembre 6, 1998
Estimados Ginger y Mike:

Ha pasado casi un año desde que ustedes estuvieron en nuestra escuela. Todavía tengo estudiantes quienes de vez en cuando hacen comentarios sobre lo que ustedes dijeron. Mike, no creo que haya forma de que usted sepa la diferencia que ha hecho en el mundo con su volutand de compartir su experiencia. Verdaderamente sería algo maravilloso sí cada uno de nosotros pudiera tocar cuando menos el corazón de una persona de tal forma que la elevara a un lugar más alto y mejor—así como usted lo ha hecho con innumerables individuos.

Le quería contar de mi verano. Visité la república Checa y Polonia...en un viaje auspiciado por el Grupo Fullbright-Hays de Proyectos en el Extranjero. Aprendí muchísimo sobre el Holocausto cuando estuve allí, hice algo que nunca soñé en tener la oportunidad de hacer—caminé sobre el terreno vacío donde tantas almas inocentes sufrieron y murieron. Me causó un profundo efecto: ¡emocional y espiritualmente! Cuando visitamos Auschwitz, era un día nublado y llovía ligera y brumosamente...Nuestra guía era una joven profesora de unos 33 años y ella nos dijo muchas cosas que nunca había escuchado,...Había estado en el museo del Holocausto en Washington, D. C., pero esta experiencia para mí, fue mucho más humilde, y me di cuenta que solamente podía escuchar más no hablar. Cuando caminamos por la Puerta del Infierno en Birkenau, miré todos los cimientos de los establos ya desaparecidos hoy en día y me pregunté en cuál de estos podría haber estado usted. Donde quiera que pisé, me pregunté acerca de todos aquellos quienes anteriormente los habían pisado. Levanté una piedra y la tengo en mi casa, colocada en un lugar donde la puedo ver todos los días. La coloqué en una mesa pequeña, y arrriba de esta mesa, cuelga un copia enmarcada del poema conmemorativo de su museo en Dallas.

Nunca subestime el valor de su talento. No solamente usted ha asegurado que innumerables generaciones RECUERDEN, pero también ha mostrado el poder del amor—no puedo pensar en un llamado más alto.

Muy sinceramente
Patricia Hesse

Septiembre 25, 1986

Estimado Mendelek.
En nuestra junta en el Waldorf Astoria en Nueva York, usted mencionó que trató de llegar a Kunow, el lugar donde su hermano Reuven fue asesinado junto con otros partisanos.
En el libro Conmemorativo de Ostrowiec, hay un artículo acerca de doce Kedoshim asesinados por el A.K. que fueron llevados a descansar en paz al cementerio judío de Ostrowiec. Como el artículo asevera: Fue un funeral impresionante.
Yo, quien soy el único sobreviente de mí familia, sé que palabras de condolencia no tienen sentido, pero siento que es mi obligación iluminarle con este artículo, y aclarar sus dudas acerca del lugar del entierro de su hermano.
Deseándole a usted y su familia un feliz y saludable Año Nuevo.

Atentamente,
Simón Kempinski y Familia

* * *

Octubre 29, 1987
Dear Mendelek.

Estoy retrasado en enviarle las copias fotostáticas que usted me solicitó.

El Sr. Theo Richmond es testigo que me dio una fiebre repentina de 102+ grados [farhrenheit] y tuve que ir al hospital. Fue un problema menor y ya casi recuperé la misma buena salud de la que anteriormente gozaba antes de estar hospitalizado por tres días. Aunque fue algo leve, no se podía tratar hasta bajar la alta temperatura a nivel normal.

He adjuntado dos juegos de fotostáticas y por favor no las vaya a perder. Usted es el único sobreviviente de la familia Jakubowicz y tiene que llevar con orgullo la antorcha de su familia pero especialmente la de Reuven.

No estoy tratando de darle un sermón, pero como viejos amigos, compatriotas y miembro de la misma organización Ziouist, le escribo estas pocas palabras desde el fondo de mi corazón. Mis mejores saludos para su encantadora esposa y familia.

Atentamente,
Simón Kempinksi

Glosario

A.S.—abreviación para *Armja Krojowa* ("ejército casero"), pronunciado "Armyia Kroyova." El Grupo Clandestino Polaco que se formó para pelear contra los alemanes. Este Grupo de Resistencia fue dirigido por el gobierno polaco en el exilio y por su Delegacion autorizada *Delegature* (delegado).

Armja Lodowa—pronunciado "Armyia Ludova," significa "Ejército del Pueblo." Grupo de resistencia apoyado por el P.P.R., o sea el Partido de Trabajadores Polacos. La Unión Soviética apoyaba este grupo, ya que ellos planeaban establecer su presencia en la post-guerra en Polonia. Los A.K. y el Armyia Ludova eran los grupos polacos de resistencia reconocidos.

Ausweis (alemán)—identificación. Todo mundo tenía que portar documentos de identificación.

Augen rechts (alemán)—orden que significa, "Ojos a la Derecha."

Blockeltester (alemán)—prisionero asignado a cuidar las barracas.

Chalent (en yiddish o lengua judía internacional)—guisado/estofado cocinado a fuego lento que contiene carne de res, papas, frijoles, y una porción de tripa de vaca rellena (como los hot dogs), que se prepara a la puesta del sol (al anochecer) y es horneado el viernes en la noche hasta el sábado después de los servicios matutinos y se come en el Sabbath al medio día. La "ch" se pronuncia tal cual "Che." La "ch" tiene un sonido gutural, en yiddish como "H" fuerte.

Challah—pan especial para el Sabbath hecho de huevo con la masa en forma de trenza en la parte superior de la barra de pan.

Chanukah—Festival Judío de las Luces, que se celebra en el mes de diciembre.

Chazan—director de canto (Maestro de Capilla)

Chedder—Escuela Elemental Religiosa donde los estudiantes aprenden a leer en hebreo, generalmente orientada hacia la oración, también se aprende a traducir de hebreo a yiddish, el idioma que por lo general se habla en el hogar.

Chevre kadishe—Agencia funeraria.

Ciotka (polaco)—tía. Pronunciado "tshotsha."

Der Führer (alemán)—El líder. Referencia a Hitler.

Dummkof (alemán)—tonto.

Frum— **fieles religiosos** observantes.

Geminde (yiddish)—comité central, en este caso, en la Comunidad Judía.

Gestapo—grupo policíaco políticamente orientado durante la era nazi.

Ghuetto—barrio de la ciudad donde se exigía que los judíos vivieran.

Goy—persona no judía, respetuosa/protectora.

Greeven—guisado derretido (cocinado en su propia grasa) en grasa de pollo o ganzo y pedazos de la piel cocidos hasta que se dora y se reduce a grasa líquida con rebanadas de cebolla, sazonado con sal.

Groszy—unidad monetaria polaca de menos valor, equivalente a un centavo.

Guten Abend (alemán)—"Buenas Noches."

Ha-Nerot-Ha-Lalu (hebreo y yiddish)—nombre para bendición especial que se canta sobre las velas al estarse prendiendo durante la festividad del Chanukah. [Festival de las Luces.]

Hasidim—judíos ultra ortodoxos. (Plural de Hasid, algunas veces escrito "chasid", pronunciado con una fuerte "h" gutural.")

Hechalutz y **Hapoel** (hebreo y yiddish)—nombre de dos organizaciones juveniles Judías.

Hermann Goeringwerke (alemán)—"Terminados Hermann Goering," nombre de la fábrica de acero en **Ostrowiec.** Hermann Goering era un prominente político nazi.

Hora—baile folklórico judío.

Hutch (polaco)—"ven." Pronunciado con "h" o "ch" de fuerte sonido.

Jäger—apellido, pronunciado "Yäger" "a" larga.

Jakubowicz—apellido polaco de la familia de Mike, pronunciado "Yakub-ovitch."

Jude (alemán) —"judío," pronunciado "yudeh."

Junderat (alemán y yiddish) —Consejo Judío de la Comunidad asignado por alguien de la jefatura nazi, que se encargaba de los guetos. Pronunciado "yudenraht."

Kaddish (hebreo y yiddish)—oración judía para los muertos. Se recita en el funeral y durante el período de luto. Esta oración también se reza en la mañana y noche del Sabbath, y en los servicios de días festivos.

Kanada—modismo usado por los prisioneros en una área en Birkenau, donde la gente que se bajaba de los transportes tenía que dejar el equipaje con sus ropa, comida y objetos de valor. Los prisioneros le llamaban al lugar Kanada haciendo referencia al país del Canadá, porque era un buen lugar para trabajar, ya que podían comer bien y tenían acceso a objetos confiscados, los que se tenían que separar.

Kappo—prisionero que actuaba como capataz en un grupo de trabajo.

Kashered—(Yiddish y Hebreo) —limpieza y preparación de los alimentos de acuerdo a las leyes dietéticas judías.

Kasherut—Observancia de las leyes dietéticas judías, que conserva los alimentos Kosher.

Kiddush—bendición especial que se canta sobre el vino antes del Sabbath y en la noche durante la cena de días festivos. También se reza en la sinagoga antes de servir los refrescos o el lunch después de los servicios de la mañana.

Klop (yiddish)—golpear. (suavemente)

Kosher—preparación de los alimentos siguiendo las leyes dietéticas judías y el ritual para matar los animales.

Kol Nidre—oración que se canta al comienzo a la celebración del Yom Kippur, el Día de Reconciliación, Perdón y Arrepentimiento en el servicio nocturno.

Khillah—Comunidad Judía Organizada.

Kibbutz (hebreo)—término para designar las granjas cooperativas de Israel. También era un programa de entrenamiento para las personas que deseaban emigrar a Israel (en ese entonces Palestina) durante el mandato inglés por la cuota de imigración que se impuso a los judíos.

Läusen-Strasse (alemán)—"Calle de los Piojos." o "Paseo de los Piojos."

Luftwaffe (alemán)—Fuerza Aérea Alemana.

Machorca (polaco)—nombre de una marca de cigarros muy fuertes. "Ch" se pronuncia con sonido fuerte de la "h" como en el sonido de "Chanukah."

Matzah—pan sin levadura que se come en la festividad de Passover (Pascua Judía). Algunas veces escrito "matza"o "matzo."

Minyan—el quórum tradicional (número de personas) de diez niños mayores de trece años requeridos para participar en un servicio público de veneración.

Mojzesz —deletreo en polaco para los nombres hebreos y yiddish del nombre de "Moisés." – También se pronuncia Moisés.

Ostrowiec —Ciudad Polaca, se pronuncia "Ostrovitz" en el idioma inglés.

Pesach—Pascua Judía .

Rosh Hashana—Año Nuevo Judío.

Ryfka—nombre de la hermana de Mike como se escribía en polaco. En inglés se escribe "Rivka."

SS—Abreviatura en alemán para *Schutzstaffel*, o guardia elite. La SS era una unidad nazi creada para servir como guardaespaldas de Hitler. Más adelante se expandieron para convertirse en cuerpo de policia común, con responsabilidades que incluían trabajo de inteligencia, seguridad central, acción policíaca y la exterminación de los indeseables. Ellos eran los reponsables de llevar a los judíos de toda Europa a campos de concentración.

Salegabetrieb (alemán)—Depósito de chatarra.

Seder—servicio que se celebra en la noche durante los primeros dos días del Pesach. (Pascua Judía.)

Shabbas Goy (yiddish)—persona no-judía quien hace el trabajo de casa que los judíos no pueden hacer el día del Sabbath.

Shabbos—Sabbath judío, que dura desde la puesta del sol del viernes en la noche, hasta la   puesta del sol del sábado en la noche.

Sheytl—peluca que tradicionalmente es usada por mujeres religiosas después del matrimonio.

Shomer—el vigilante, que también se sienta con la persona fallecida hasta que el entierro se efectúa.

Shochet—hombre encargado de matar al animal que servirá como alimento, siguiendo los rituales judíos, los que no deben de causar dolor al mismo.

Shtibel—casa pequeña de oración, por lo general "chasidic" (super-ortodoxa), y también para   fieles muy observantes.

Shul—sinagoga.

Simcha—celebración de alegría.

Simchat Torah—nombre hebreo y yiddish (Simchas) de la Celebración de Júbilo al terminar la lectura y por el principio de un nuevo ciclo del Torá durante el año (los Cinco Libros de Moisés.)

Sonderkommando (alemán—prisioneros del sexo masculino qur removían los cuerpos de las cámaras de gas y los llevaban al crematorio o a las fosas para quemarlos.

Spiritus—alchol al 100 por cierto hecho de papas.

Stehen bleiben (alemán)—orden que significa, "Quédense parados."

Stoje (Polaco)—"Alto." Pronunciado "stoye."

Szlama—escritura en hebreo y yiddish del nombre "Scholmo."

Talis—(pronunciado "Talit" en Israel) chal de oración.

Tefillin —(hebreo y yiddish) —filacteria [amuleto] dos cajas pequeñas negras de piel con tiras de piel adheridas a las mismas. Las cajas contienen extractos de los Cinco Libros de Moisés que enfatizan la obligación de los judíos de amar y servir a Dios "con todo su corazón," recordar y practicar amor y bondad. Una de las cajas se sujeta al brazo izquierdo, cerca del corazón y la otra se sujeta en la frente, cerca del cerebro. Los Tefillines los deben de usar los hombres mayores de trece años durante los servicios matutinos del fin de semana, que les sirve como recordatorio para guardar un comportamiento adecuado.

Tepper Marik (yiddish)—barrio Judío. En su plaza, los martes y viernes se instalaba un mercado donde los comerciantes locales vendían toda clase de productos alimenticios, ropa, artículos para el hogar, etc.

Trager (yiddish)—portero [encargado de abrir puertas] pronunciado con "a" larga.

Treyf—comida no acceptable en la tradición judía porque no es kosher.

Volksdeutscher—un "alemán étnico" leal a Hitler y al partido nazi.

Warta (polaco)—nombre de río, pronunciado "Varta."

Yarmulke (yiddish)—gorra de la cabeza que lo judíos muy ortodoxos portan, por lo general los hombres, la usan en la sinagoga y también algunos los usan en los templos de reforma.

Yeshiva—seminario rabínico.

Yizkor—nombre asignado al servicio especial de remembranza que se incluye durante cuatro de los servicios en días festivos.

Yom Kippur—Día de Expiación. [Reconciliación, Perdón y Arrepentimiento.]

Yom Tov (yiddish y hebreo)—Fiesta Judía.

Yortzayt—(alemán y yiddish)—aniversario del fallecimiento de un familiar. En esta ocasión se reza la oración Kaddish para los miembros inmediatos de la familia.

Zigeuner (alemán y yiddish)—Gitano. Pronunciado "tsugoiner" en alemán, "tsugeiner" en yiddish.

Zloty—Unidad monetaria polaca, similar a un dólar en EUA compuesta de 100 grozy.

Notas y Lecturas Recomendadas

Libros:
En los siguientes libros se menciona a Mike:

Berenbaum, Michael. *El Mundo Debe Saber*. La Historia del
    Holocausto, como se relata en el Museo Conmemorativo del
    Holocausto de los EUA. Nueva York: Little Brown &
    Company, Pp. 147, 149.
Richmond, Teo. Konin: *El Hombre en Búsqueda de la
    Desaparecida Comunidad Judía*: Nueva York: Panteón,
    1995. Pp. 167, 175, 193, 321, 306-307, 308-309, 318-319.
    (Publicado originalmente en cubierta dura cómo *Konin: Una
    Búsqueda*. El capítulo 46 es acerca de Mike.)
Winegarten, Ruthe, and Cathy Schecter. *Profundo en el Corazón.
    Vida y Leyendas de Judíos de Texas*. Imprenta Eakin, 1990.
    P. 161.

Colecciones Históricas Orales:
Mike es incluído en las siguientes colecciones históricas orales;

Videos Fortunoff Archivo de Testimonios del Holocausto,
    Universidad Yale, 1997. Colección de Videos de
    Testimonios de Sobreviventes del Holocausto del Centro
    Conmemorativo de Estudios del Holocausto de Dallas.
Colección de Historia Oral de la Universidad del Norte de Texas,
    No. 831, Entrevista con Mike Jacobs, Noviembre 26, 1989.
Sobrevivientes del SHOAH (Holocausto) Fundación de Historia
    Visual, Entrevista con Mike (o Michael) Jacobs, fundada y
    financiada por Stephen Spielberg.
Archivo de Videos de Testimonios del Holocausto de la Universidad
    de Yale, Biblióteca Conmemorativa Sterling 1985.

Periódicos:
Periódico Dallas Morning News—Alto Perfil, por Lori Stahl.
Domingo, Febrero 17, 1991. Ver selección de artículos de noticias,
Apéndice 3, que empieza en la página 195.

Participaciones en Remembranzas del Holocausto a Nivel Nacional:

Mike participó y ha sido reconocido por su contribución por el Museo del Holocausto de los Estados Unidos de Norteamérica en la Campaña del Recuerdo.

Mike funge como miembro de la Mesa Directiva Americana para Reunir Sobrevivientes Judíos del Holocausto.

Mike y Ginger participan en la Jornada del Museo del Holocausto de los Estados Unidos de Norteamérica a Europa Occidental en Noviembre de 1992; viaje patrocinado también por el Depto. de Defensa de los EUA. El viaje incluyó ceremonias de conmemoración en Beendonck, Bélgica, Drancy, Ceremonias de Conmemoración en Paris, Omaha Beach, y Normadía, Francia. También recolectaron tierra de los campos de concentración en Mauthausen y Buchenwald (tierra que fue traída al museo del Holocausto en Dallas).

Extensión de un Sueño:

Para Septiembre 2000, más de 60,000 personas habían visitado el Centro Conmemorativo de Estudios del Holocausto en Dallas anualmente.

Muchos profesores específicamente, solicitan que Mike Jacobs sea quien conduzca la visita de sus estudiantes y grupos por el centro.

El Centro Conmemorativo para Estudios del Holocausto en Dallas, hoy en día se le conoce como: Museo del Holocausto en Dallas-Centro para Educación y Tolerancia. Ubicado conveniente y temporalmente en el lado oeste (West End) del centro de Dallas en el 211 N. Record St., Suite 100, Dallas, Texas 75202-3361, Tel. 214-741-7500. Página web: www.dallasholocausemuseum.org. Hay planes para construir en esta misma zona un edificio más grande, sofisticado y con lo último en tecnología (state of the art).

Lecturas Adicionales:

Libros que mencionan algunos de los incidentes que Mike vivió, contados por algunos de los *sonderkommandos* del tiempo en que

Mike estuvo en el campamento.   Mike ha sostenido conversaciones con ellos desde 1956 y sobre los que Mike también ha escrito:

Czech, Danuta. *Cronica de Auschwitz, 1939-1945.* De los Archivos Conmemorativos de Auschwitz y los Archivos Generales Alemanes. Nueva York: Henry Holt & Co., Inc. Primera Edición Owl Book, 1997.

Dawidowicz, Lucy S. *La Guerra En Contra de los Judíos*, 1933-1945. Nueva York: Holt, Rinehart, and Winston, 1975.

Gilbert, Martin, *El Holocausto.* Historia de los Judíos en Europa Durante la Segunda Guerra Mundial. Nueva York: Holt, Rinehart, y Winston, 1986.

—————*Viaje Final:* La Predestinación de los Judíos en la Europa Nazi. Londres: George Rainbird Ltd., 1979.

—————*El Atlas Macmillan del Holocausto.* Nueva York: Mcmillan, 1982.
Hilberg, Raul. *La Destrucción de los Judíos Europeos.* Chicago: Libros Quadrangle, 1967.

Lawliss, Charles... ...*y Dios Lloró: El Holocausto Recordado.* Nueva York: Prensa JG, 1994.

Michael "Mike" Jacobs, anteriormente llamado Mendel Jakubowicz, compartió las memorias de su vida, en su libro titulado "Triunfo Sobre Tragedia" enfocando principalmente a su experiencia durante el Holocausto. El libro original fue publicado en el año 2001 para asegurar que su experiencia en el Holocausto se siga contando a futuras generaciones.

A través de presentaciones en publico y en forma impresa, Mike Jacobs ha dedicado décadas de su vida a compartir su historia con el mundo. Desde la publicación inicial del libro "Triunfo Sobre Tragedia," Mike ha vendido mas de 10,000 copias de su libro. Antes y después de la publicación del libro, Mike ha dado presentaciones en cientos de escuelas secundarias por el estado de Texas, Oklahoma, Arkansas, Kansas y Nueva York, muchas de estas presentaciones fueron el resultado de múltiples invitaciones para que Mike regresara a ciertos lugares. Adicionalmente, tambien ha tenido presentaciones ante otros grupos, tales y como iglesias, sinagogas, centros de recreación, centros comunitarios de algunas ciudades, bibliotecas, clinicas de personas con desordenes alimenticios, y muchos otros grupos. A esta fecha, más de medio millón de personas han escuchado sus presentaciones, disfrutando de su optimismo a pesar del dolor y sufrimiento que tuvo que soportar. Mike Jacobs ha tenido un impacto positivo e impresionante en todos sus oyentes, pero su legado permanente es la respuesta afirmativa que recibe de los niños en edad escolar. Ésta, ha sido su mayor gratificación.

Mike acompañado por su esposa a lo largo de casi sesenta años, Ginger, todos sus hijos y nietas ha tenido el honor y la buena suerte de viajar a Polonia para conocer la casa de su infancia y los lugares donde vivió, así como los lugares donde él y tantas otras personas fueron encarcelados y en donde un infinito número de personas murieron. La familia también visitó Treblinka, donde la mayoría de su familia pereció, en ese lugar rezaron la oración judía para los muertos (Kaddish) para ofrecer respeto y recordar a su familia. El último viaje que Mike hizo a "casa" fue con sus cuatro nietas y su hijo mayor, Mark, en el verano de 2007.

En 2013, Mike y su esposa, Ginger Chesnik Jacobs, celebrarán su 60 aniversario de bodas. La familia continúa creciendo ya que Sarah, su tercera nieta, contrajo nupcias con Jeffrey Verchow en Junio 26, 2011, y su nieta mayor Rivka, contrajo nupcias con Bradley Altman en Enero 14, 2012.

Hoy en día, Mike de 88 años, lo podemos encontrar en "El Museo del Holocausto en Dallas-Centro para Educación y Tolerancia" ubicado en el corazón de Dallas, Texas. Mike continúa llevando a cabo presentaciones hablando a las siguientes generaciones, y todavía autografiando copias de su libro para sus oyentes.

"L'Chiam"
לחיים
"生活"
"A la vida"
"जीवन के लिए"
"زندگی"
"à la vie"
"الحياة في"
"जीवन"
"à vida"
"на жизнь"
"人生に"
"zum Leben"
"Salud"
"To Life"

Gracias por leer mi libro

"TRIUNFO SOBRE TRAGEDIA"

Para continuar su conocimiento acerca de mi experiencia, por favor visite, mi página web:

WWW.DALLASHOLOCAUSTSURVIVOR.COM

"ODIO ENGENDRA ODIO, NUNCA SEAN CONDESCENDIENTES"

Gracias,

Mike (Michael) Jacobs

Mendel Jakubowicz (B4990)

www.ingramcontent.com/pod-product-compliance
Lightning Source LLC
Chambersburg PA
CBHW060010050426
42448CB00012B/2688